騎游諸暨

王晓铭　主编

浙江工商大學出版社

图书在版编目(CIP)数据

骑游诸暨 / 王晓铭主编．—杭州 ：浙江工商大学出版社，2018.10

ISBN 978-7-5178-0357-7

Ⅰ．①骑… Ⅱ．①王… Ⅲ．①旅游指南—诸暨 Ⅳ．①K928.955.3

中国版本图书馆 CIP 数据核字(2018)第 225225 号

骑游诸暨

王晓铭 主编

责任编辑 沈明珠 白小平

封面设计 天 昊

责任印刷 包建辉

出版发行 浙江工商大学出版社

(杭州市教工路 198 号 邮政编码 310012)

(E-mail:zjgsupress@163.com)

(网址:http://www.zjgsupress.com)

电话:0571-88904980,88831806(传真)

排　　版 杭州天昊文化艺术有限公司

印　　刷 浙江省良渚印刷厂

开　　本 889mm×1194mm 1/32

印　　张 7

字　　数 165 千

版 印 次 2018 年 10 月第 1 版 2018 年 10 月第 1 次印刷

书　　号 ISBN 978-7-5178-0357-7

定　　价 39.00 元

浙江工商大学出版社营销部邮购电话 0571-88904970

编 委 会

序：

骑行，向往的美好生活

郭新桥

2015 年春节，我从八一军体大队转业到地方，回到家乡。诸暨日报社领导闻讯派出擅长人物专访的记者王晓铭来采访我。经交谈，惊喜地发现王晓铭也是位运动达人，特别热衷于自行车运动。我曾在八一自行车队兼任总教练，也算是知音吧。所以我们一见如故，相谈甚欢。

王晓铭很快写出了《世界冠军回家乡》的人物专访，据说反响很好，《浙江日报》和《绍兴日报》也转载了。因工作繁忙，我与王晓铭平时的联系很少，只是偶尔在微信上打个招呼。

2018 年春节刚过，王晓铭将一叠打印稿寄给我，说这是他写作的体育随笔，准备出版一本关于诸暨的骑行专著《骑游诸暨》，并嘱我为该书写个序。我十分惶恐，因我从来不曾为别人写过类似的文字。可是王晓铭以一名资深记者的韧性，一再做我工作，说我最适合了。恭敬不如从命，我这个武将只好提刀上阵，乱舞一气。

综观全书，一种温暖的情怀涌上心头。该书以一个骑友的视角，边骑边游，把诸暨的乡村美景、人文景观、风土人情等一一记载，有趣、有情、有意思。不是说这本书有多少水平，有多少文学价值，而是我感觉这是一种家乡的情怀，是对生活的记载。用车轮丈量家乡的美丽山水，用笔墨记录美好心迹，本身就是一件很美好的事。

以前，休闲生活在人们的心目中是有钱人的事，是“资本主义”的生活方式。但随着社会的发展，休闲已成为人们日常生活的一部分。长期以来，人类一直以“人定胜天”的气概在改造自然、发展科技，以创造“更加富裕的生活”，休闲只是人们的第二位需要。1988 年，澳大利亚为纪念欧洲人在澳洲登陆定居两百周年举办了布里斯班世博会，并将“科技时代的休闲生活”作为这次世博会的主题。各国都围绕这个主题大做文章，纷纷以体育、文娱、旅游、烹调、园艺等各种内容来体现人类生活的丰富多彩，充分显示了人类在科技极其发达的现代社会中，在经历了激烈奋斗之后，渴望休闲的状态，休闲生活已得到重视。一个人如果要过得优雅，那首先且必须要做的就是愉悦自己的生活，热爱生活。

林语堂曾说过：“若不知道人民日常的娱乐方法，便不能认识一个民族，好像对于个人，我们若不知道他怎样消遣闲暇的方法，我们便不算熟悉了这个人。”我以为然。我一直这样认为，要了解一个人，只需要了解一下这个人的业余生活就行了，一个人是否有趣，与他的休闲生活密不可分。梁启超说：“打发时光的绝妙方式，我以为凡人必须常常生活于趣味之中，生活才有价值；若哭丧着脸挨过几十年，那么，生活便成沙漠，要他何用？”

现在朋友相遇，第一句话就是近来忙什么，好像个个都日理万机。希望今后的人相遇，问的第一句话是近来在哪消遣。这才是我们向往的美好生活。

我认为，带着单车自由自在地骑行，是不错的选择。不需要加油，不需要车位，随时可以停下来观赏风景，既锻炼了身体，增加了肺活量，又为 GDP 创造了贡献，何乐而不为呢？中国人往往以职业、地位、收入来品评一个人的高低贵贱，其实，为了虚名而放弃生活的乐趣是很残酷的。作为一名普通人的生活，享受百姓柴米油盐的淡泊人生也是一种难得的人生境界。一个业余骑手的乐趣就在此，不给自己压力，不要老想着出人头地，挣大钱、干大事，要在意每天过得快乐，快乐比成功更重要。

我们正进入一个美好时代，大家都在为国家的事业、自己的事业忙碌着，要懂得忙里偷闲；如果你喜欢骑行，或准备骑行，不妨拿起这本书看看，也许会得到共鸣和收获。

（郭新桥：诸暨籍著名军事五项运动员，现任浙江警察学院教授）

目 录

慢生活骑行

美丽乡村

吴越争霸

好美诸暨

慢生活骑行

人生就是一条苦乐参半的道路
细细品味路上每一个细节
每一道风景
快乐是一个不知足的人
因此他急着赶路
赶路时唱着歌儿
快乐是一个知足的人
因此他会休息
休息也是为了赶路

骑车在城市自行车道上“撒野”

迷上单车后，总有一个梦想——在城市自行车道上飙车！

骑行，这是一种享受速度快感的时尚运动。当你骑着轻便快捷的单车，穿着漂亮醒目的骑行服，飙过街道，真的很拉风。作为一名资深骑行者，不管他（她）年纪有多大，都怀着一颗年轻的心，都有一个远方和诗的梦想：骑着单车去旅行，用车轮丈量大地，丈量自己的梦想，做骑着单车自由飞驰的追风“骚年”；趁体力还许可，踩着单车在旅途中使劲儿地“撒野”；趁还“动得了”，骑着单车朝着那些可以兑现的梦，出发！

但是，如果城市道路坑坑洼洼，如果城市道路车来人往，骑着自行车，想快也快不了，就像老牛拉破车似的慢行，那一点意思都没有。单车运动必须要20码以上的速度，那才会吸引眼球，才会很“拉风”！前几年，当我与诸暨的骑友在千岛湖自行车道上肆意骑行时，多么希望我们的城市也能有自行车道。

好事不怕晚！2016年6月25日，三环线东南段正式通车，诸暨终于有了第一条城市自行车道。三环线是我市有史以来交通单体最大工程建设项目，2011年9月起动工建设，历时近5年。三环线东南段项目主线起于浣东街道王家湖（绍诸高速浣东出口），沿线经暨阳街道、王家井镇、草塔镇，终于五泄镇。该项目主环线长47.74千米，支线长9.1千米。全程设计时速为每小时 80 千米，双向六车道。与以往的省道不同的是，三环线修筑了骑行道，由红色沥青铺设而成，非常亮眼。骑行在自行车道中就好似穿行在森林道上，夏日的太阳都觉得不太刺目了，徐徐凉风，沿途风景如画。三环绿道的建成，给了诸暨骑行爱好者一条全新的骑行路线，线路刚开通不久，便迎来了众多骑友。首条自行车道不时闪过车友疾行的身影。“骑着特别爽！”“红色的沥青路面非常漂亮，自行车道与机动车道用绿化带隔开，特别有安全感，亲切感！”车友们惊叹道。

初夏的一个双休日，我和几位骑友迫不及待地体验了三环线自行车道。我们从暨阳分校出发，往城南方向行进，目标是五泄风景区。以往到五泄要经过绍大线繁华地段，车多空气混浊，而

美女骑手是骑行道上的一道风景

且很不安全。从三环线到五泄，是继双金公路之后又一条美丽通道。新建的这条自行车道由彩色沥青铺设而成，借鉴千岛湖环湖自行车道的施工经验，用了酱紫色的塑胶，以避免长时间骑行导致视觉疲劳。这条自行车道宽 3.5 米，旁边还有宽 4.5 米的绿化带相映衬。原来这里的绿化不仅仅是绿化，更将成为一道亮丽的风景线。以后将依据四季花朵的开放情况，成片种植花卉。也许等到来年春天，就能在成片的杜鹃花海里畅游了。

真是太美了！早就有人总结了，看风景，开汽车速度太快，走路太慢，骑车正好，既有一定的速度，又饱了眼福。

出了城，就是一片美丽的田野，五彩斑斓，绿色是基本调，道路两旁的田野里像铺了一地的金了，黄澄澄、沉甸甸的稻穗不时地随风点头弯腰。满山的果子一片连着一片，到处是黄澄澄、金灿灿、红彤彤的。还有诱人的果园，我们看到了含多种营养的鸭梨；一串串珍珠似的葡萄已由绿色变成暗红，长得又圆又大晶莹透明，像玛瑙似的。

很快，我们来到王家井大桥，居高临下，浦阳江就像一条玉带环绕着绿色的田野，远处是五指山，壮丽秀美；近处是点点的湖泊，闪着磷光……第一次从高处欣赏家乡美景，不由地心旷神怡。

风景怡人，车道秀美，我们的车队劲头更大，破风疾行，很快便来到金三角，杭金公路依然车流如织，三环线打通了隧道，让大唐镇近在眼前。

过了隧道，一处高塔展现在眼前。“这是哪里？”我问。骑友个个面面相觑。走，上去瞧瞧！骑单车就有这点便利，随时可以下来游玩，难怪我们诸暨中老年骑车队取名为金盾骑游队，一个“游”字显现了自行车运动的魅力。

一条羊肠小道把我们带到了秀美的小山坡上，爬上山坡，豁然开朗，这里有一处小水库，再往里走，原来是宗教活动场所——诸暨弥陀庵。我们怀着虔诚之心走进了这座尼姑庵，这是我所见到的诸暨市最大的尼姑庵。我借口向尼姑续水，走进了寺院，这是与尼姑零距离接触的大好机会呀，要是放在平时，我一个异性根本不可能深入这女众寺院的！

这是21世纪初重建的尼姑庵，由于交通不便，藏在深山无人识。三环线修通后，弥陀庵的高塔（尚未开通，不知其名）成为三环线上一处标志性建筑。这里的香火旺了许多，我们看到好几个香客正在认真地打扫卫生，做义工呢。

这是闹市之中难得的一片净土，我们稍作休息，不敢打扰众尼僧和信士专心致志的佛事活动，悄然离去，继续前行。

为了与三环线无缝对接，五泄风景区修建了三环线的延伸线，我们行进在这条尚未开通的公路上，路面平坦，车辆很少，此时正是喜欢飙车的车友“发狂”的好时机。我们中间有几位体力好的车友开始加速。他们学着专业车手，屁股离开坐垫，两腿开始“摇”起来，只见单车驭着人似离弦之箭直往前冲，大家你追我赶，好不痛快。

很多人喜欢用走路的形式来认识陌生的城市，在穿街走巷的时候，你很可能获得一种独特的视角。骑行也是一种接地气的方

金盾车队的骑友热衷于山水间的骑行

车友在农家乐游玩

式，你可以放慢你的旅程，沿途认识更多有趣、温暖、有故事的路人。

骑行，一种健康自然的运动旅游方式，一种能充分享受闲暇生活、旅行过程之美的运动。如果你在城中心，骑行可以变成一种绿色出行方式，平添很多生活乐趣。清晨骑车去买一束鲜花，骑着爱车为附近客人送咖啡；如果想旅行看风景，一辆自行车配上一个背包，穿上骑行服，戴上骑行头盔、眼镜和手套，简单又环保。驶过颠簸的路途，穿越黑暗的隧道，在不断而来的困难当中体验挑战，在遥远的他乡体验风情，在旅途的终点体验成功。

这一切，都源于诸暨有了第一条自行车道。

“小淘气”的骑行厦门日记

2015 年春节你是怎么过的？诸暨有两位资深骑友单车骑游厦门。他们是章启涛，网名“小淘气”，57 岁，浬浦中学老师；倪宇平，网名“剑吼西风”，48 岁，浙江浙耀建设有限公司预算员。他俩今年正月初五从诸暨出发，骑行 8 天到达厦门，元宵节回到诸暨。

长途骑游，在诸暨骑友圈本不是件新鲜事。身为教师的“小淘气”在骑行中每天晚上用手机记下骑行的趣事，近日他整理后发在网上，得到了许多网友的点赞。本人饶有兴趣地下载了“小淘气”15000 字的骑行日记，选择几个有趣的片段以飨读者。

“西风”你在哪里？

今天，正月初五，我们两个死党（“小淘气”和“剑吼西风”）冒着毛毛细雨各自从诸暨东（浬浦）西（马剑）两个地方出发，我在出发前夜细细看过地图，约定在磐安或仙居汇合。

我从浬浦出发到东阳，应该比从马剑出发经义乌到东阳的“西风”要少骑好几千米。我不习惯一早起来马上吃早饭。在早餐店我买了 5 个包子，准备骑到石壁水库脚时吃两个；另几个在路上当中饭吃。我这次骑行也是带着酒的，一小瓶。包里备了一件抓绒上衣、一条牛仔裤和一条薄的骑行裤。两个包子下肚，我就开始爬大坝的坡。这坡我爬过好多次，感觉很轻松。我与“西风”联系上了，告诉他我是走怀万线（怀鲁到磐安万苍镇）。他告诉我，他从横店过去。公路上来往车辆很多，正月里拜年忙。一个人在孤寂的山坡上骑行真没有味道。我与“西风”联系，“西风”说他还没有到城区，他让我先沿218省道骑到仙居好了，不必到城里再走回头路，他可能在磐安过夜。

路过一个长长的隧道我来到了大盘镇。镇里只有两家旅馆。一家客店里有人在一起“斗牛”。老板娘见我要住宿，犹豫了一会说：“真不好意思，你看有那么多人来打牌，不便的。”我知道，我这点微不足道的住宿费远远没有她设牌桌抽的彩头多。对门有家叫又一村的旅馆，我总算还有安身处所。老板给我安排好房间后就不见踪影了。我泡好面，摆出酒菜俨然是主人。

“‘西风’你在哪里？”第二天，我骑行时打电话问他。“西风”卖了个关子，没有说他到底在哪里，只是说与我不远，一直

车友“小淘气”

在看着我骑，又要我继续沿着218省道骑行到仙居再转到223省道。这“西风”真是鬼，见面后看我如何收拾你！

在隧道口碰到两个小伙子，也是骑行到城里去的。我再问“西风”在哪里。他回答说已经到温州了，永嘉过去30千米。我心里非常恼火，原定永嘉会合怎么又跑到温州了，但到温州也是原来计划中的。华灯已上，路途不熟。白天我还可以问路，看得清路牌的，这晚上我怎么骑？虽然是带着比汽车灯还亮的自行车灯的。30千米不算远，一个多小时就可以到的。我本想打的过去，后来想既然出来了就要不折不扣地骑行。幸亏俩小伙，他们说可以带我一起骑到温州瓯北。天下骑友是一家，我们吃了晚餐后，就一起奔向下个目的地，有朋友带路又是晚上，骑车特别快。

温州城很大，我在城北而“西风”在城南。我找了家连锁酒店安顿下来，知道明天是一定能会师的。

第三天晚上才与“西风”会师

骑行第三天（初七），我计划从温州出发到福建柘荣。一路上，我边骑边骂“西风”：“‘西风’，你个‘毒头’！”这次邀骑游，连续三天还见不到人影！让我一路追赶。“西风”是诸暨资深骑友，他在2012年单独骑过318国道，在千岛湖工作时几乎每天要环湖一次；现在在杭州上班，已经把周边的长坡都爬了。

等我追到福鼎已经是午后了。联系“西风”，天哪，我得再骑50多千米到柘荣会合！原来他见时间早着又单独继续前行了。这个该死的“西风”！

终于到达福鼎。这个城市非常漂亮，宽阔的江边建了步行道和沙滩，碧蓝的江水里有人在游泳。我在路边的小吃店要了海鲜年糕。热气腾腾的年糕是我这辈子吃过的最好吃的年糕。肚子填饱了，不管坡有多陡，我想，我一定能在下个目标与“西风”会合！

福鼎到柘荣的坡真的不是一般的陡，也不是一般的长。连续

20 多千米的陡坡迫使我时不时要下车推行。看着远处山顶上和山湾里的村庄，我心里在想，福建人民的生存能力一定是很强的。终于见到进柘荣城的路牌，我的心情格外的好。“西风”，我的偶像终于在宾馆门口等我了。“西风”用的是折叠小轮车，好似儿童自行车，只有诸暨木桍才敢用这样的小轮车骑行千里！

“‘西风’，终于见到你了！”我们两个小老头在宾馆门口热烈拥抱，好似多年未见的情人，这种感情只有骑友才理解。

我们迷路了

骑行第四天（初八）。与骑友“西风”在柘荣会合心里是那样高兴，结果都忘了这天骑行了多少路。只知道从温州一早出发过瑞安，经平阳、苍南到福鼎，再爬了 20 多千米上坡到柘荣。洗澡吃饭，感觉有点累了，但还是记录了骑行途中的新鲜事。结果一躺下就去见周公了。今天的骑行任务不算重，但为防下雨，还是早点踏上去宁德的路。

第六天（初十）。我们一早 6 点出发，出城还得用灯。今天的任务是从连江到福州，经福清穿涵江到莆田市。在马尾区的路边小吃店加了能量。104 国道是到福州市的，骑着骑着就没有路牌了。在过十字路口时见到两个上了年纪的骑自行车的骑友，问了路。这世界上好人多，其中有一人很详细地告诉我们两种走法：一种方法是继续前骑穿福州城，用时一小时多，另一种方法是坐渡船到营阳再骑 203 省道到 324 国道。为了不再穿越福州市区问路找麻烦，我们选择了第二种方法。渡船不到半小时就到对岸。码头到 203 省道的路很差，幸亏没有骑多少路就看到一条宽阔的公路，路牌上显示是 203 省道。没有骑多少路就见前面出现两座大桥，是从福州市内连接过来的。给我们指路过的老人说过，第一座是高速公路桥，自行车不能上的，第二座可以骑车过。见桥如见到家一样开心呀。果然在交叉路口我们见到了 324 国道的路牌，而且是个很吉利的里程数字：18。走上到厦门的国道，我们感觉轻松了，心想，这下一程骑好了再也不用问路了。

环厦门本岛

第八天（初十二）的骑行任务很轻松——环厦门本岛，主要任务还是把我的车打包托运回来。“西风”安排的路线是以集美大桥为环岛起点。没有想到的是，去集美大桥要过地下隧道。到桥头只有前进的路没有后路。我以为到桥头了就可以开始环岛骑行了。我上桥时“西风”还在拍照。“西风”追了上来说：“倒灶了，倒灶了，这不是我们环岛的起点，本来可以从桥头转回去的。”

到达福建

我心想我的错。我们这样骑 3000 多米的集美大桥，一个来回就得多骑十几千米。没有想到的是，下了桥还有收费站。向一老人打听说很可能还不能骑车进厦门岛呢。我在想出来可以，怎么进去就不行呢。下桥不久就见有横穿马路的地道。我们就上了反方向的路。见有摩托上桥，心里的担忧就没有了。那时刚好是上班高峰期。过桥的车是那么的多。虽然骑行在边上，但从旁边飞驰的车几乎是擦身而过的。

从大桥另一边进厦门本岛时，我觉得我们要看大桥是必须穿过集美大桥的，在过隧道到桥头的地方根本没有可以走回头路的，要到反方向的道上去我们得跨越护栏。厦门的自行车绿道真不错。一路骑来没有见到小吃店，肚子有点饿，在五通灯塔附近吃了点面，分量很少，只好在隔壁的小超市里再买点面包。下一个目标是会展中心——厦门的代表建筑。没有想到的是，来到会展中心，也就来到了厦门环岛海滩。虽见过很多海，但还是觉得厦门的海很美。我像一个十几岁的小孩一下子就投进了海的怀抱。朋友“西风”见海也很兴奋。我们就到没有人迹的沙滩上，我也来一个“小淘气”pose 拍照。“西风”发“毒”了，把头盔高高地抛到天空吼叫着。我就给他留下了那个难忘的镜头。

到此，厦门骑游超计划完成任务。我们回程的车是下午 3 点，元宵节可以到家。“西风”的儿子正月十六要去大学报到，而我开学有个会要参加。骑游任务顺利完成。

诸暨车友2012年环海南记

闲鱼落花

环骑海南岛一直是我心中的梦想，自去年环大美青海湖后，又将梦想延至台湾、海南岛，甚至更远。今年4月做好去环骑台湾的功课，由于人员问题和天气原因，未能成行。这次环海南岛由好友沈立志和老俞师傅发起，捷安特俱乐部组织，一汽大众、“好日子”友情赞助，单位给假，家人支持，小心脏开始跳动，欣然报名。但虽报名了，一度还有过犹豫，因一次饭桌上偶尔听到“铺路石”分析此行的种种不利：天气恶劣、地形险恶、“十一”高峰期等，这就意味着“风餐露宿”，很可能完不成环岛之行。犹豫了，忐忑了，但会长凭着三寸不烂之舌打消了我的种种顾虑，把我忽悠上了去往海南的“大福”，呵呵……差点错过了这次美好的骑行，事后才知这些顾虑完全是多余的！1023千米艰难的骑行，我们从容面对，车轮带着我们感受热带雨林的气候，饱览大海椰林的风光，品尝海南特色的食品果蔬……

真的，再也没有任何比人在旅途中那样经得起反复的回忆了！回来后整理了途中的几天日记，让车友们一起分享我们的艰辛和快乐！

9月27日　晴　D1　诸暨—海口（欢送仪式）

早上5点多就醒来了，有点小激动，再一次检查自己的行李，6点朋友驱车前来送行，出门时儿子拉着我的衣角哭了，毕竟从没离开过他这么长时间。到了捷安特店门口，好多前来送行的骑友，我的几个好朋友都来了，老三、莲影清波、小柳……可爱的小张还特意为我准备了一箱喜欢的苹果，有朋友真好！此行引起了诸暨各大媒体的关注，于是，拍照、采访、拉横幅、树旗帜、呼口号……最后穿着统一的骑行服，“骑街”到了一汽大众，又是横幅，又是口号。8点半终于可以上车了，还未行，身已累！收起手机，打个盹，休息一下！

9月28日　晴　D2　海口

一觉醒来凌晨4点，终于到了码头，日夜兼程，24小时，真的由衷地佩服开车的几位兄弟，尤其是沈立志，2000多千米基本上

此时畅饮椰子汁，格外香甜

都是他开过来的，我累得直哼哼……上午 9 点安全到达海口宾馆，整车休整！海口是我们的第一站，我们来了！下午除了开车的几位兄弟在房间休息，我们几个都已按捺不住兴奋的心情，换上泳装，外面穿上骑行服，向海滨大道出发。我们给摄影的杨老师租了一辆摩的，带路、拍摄两不误！自行车驶在椰林小道上，一路上欢声笑语，一路美景，叫人陶醉。一会儿就到了海滩，真的太美了！蔚蓝的天空，浮动的白帆……大家纷纷扔下自行车，冲向大海，尽情享受阳光、海浪、沙滩带来的快乐！一个个都像大孩子，欢呼、嬉水，还时不时地在杨老师面前当会儿“麻豆”（模特）。一路的疲倦被海水冲得荡然无存。晚餐时间到了，沈立志的朋友杨总，在海口最大的海鲜排档安排了丰富的海鲜大餐为我们接风洗尘。哈，吃撑了，喝了点小酒，现在感觉有点晕晕的，早点休息了，明天正式环骑开始！希望我们能够圆满地完成这次活动！

9 月 29 日　晴　D3　海口—文昌—琼海（金荔园）

第一天骑行，早早起来了，整装待发，迎着晨曦我们出发了！出了城不多会儿就到了“琼州大桥”，一字排开，杨老师把我们的美丽瞬间定格了下来。下了大桥，直奔“海文高速”。有点出师不利，柳叶刀和老方，相继摔了跤，所幸只是皮外伤，简单地处理了一下伤口，两猛男又骑行在队伍的最前列！自行车第一次上高速，一开始还真有点担忧，在我们的理念中，高速路那是汽车走的路，哪是骑车人骑行的路呀！不过上了高速则完全没有了那份忧虑或不安，反而觉着比出城时在那种车流、人流中穿行安全了很多，担惊受怕的心理自然也就少了许多；一路上更没有了走走停停的红绿灯干扰，一路畅通、一路自由自在，还真是一种全新的感觉……但好景不长，出状况了，一辆警车跟随而来，把我们拦下盘问。阿尔法以“交警”自称套近乎，这交警大概被我们远道而来所感动了，睁只眼闭只眼放我们走了。继续前进，连哥我，第一个中奖了，哈，顺便休息一下，给力的豆总，三下五除二就搞定了。中午下高速到了文昌，没有吃到“文昌鸡”有点遗憾。下午直奔重兴镇，“铺路石”的金荔园，干净的沥青路面一马平川，两边的椰林和蕉园尽收眼底，最后的10多千米拐进了乡间水泥路，起起伏伏的小坡，不管把视线投到哪里，都能看到高矮不等、斜直各异、婆娑多姿的椰树和不知名的热带植物。我们狂奔着，高呼着，人犹如在画中行……晚上好客的老蒋夫妇为我们准备了丰盛的晚餐。一天下来全部队员感觉良好。豆总很辛苦，夜深了，兄弟们都休息了，帐篷里鼾声四起，唯独他还在电脑前上映今天的大片，辛苦了！晚安！

9月30日　晴　D4　琼海—博鳌—陵水

清晨的荔枝园显得格外的宁静。站在东方还未露白的椰树下，感觉每个细胞都在呼吸，勤劳的女主人四点多起来为我们准备早餐。告别老蒋夫妇，车队浩浩荡荡地出发了。整齐的队伍，清一色的服装，不时引来路人驻足观看。途中第一次看到一望无际的菠萝种植地，可惜现在不是采摘期。

途经博鳌，又一次零距离地接触了大海，我们参观完了博鳌亚洲论坛会址后继续上路。中午时分到了陵水高速路口，就餐休息，吃到了当地有名的“加积鸭”。

饭后兄弟们打个小盹休息，下午100多千米的路程我怕拖后腿，让老俞师傅带着我笨鸟先飞，全程高速！因十一假期路上车流量明显比以往更高，我小心翼翼地跟着老俞骑在路肩上，但还是因为经验不足，过隧道时来不及摘眼镜，一下子没适应光线，摔了一跤，所幸没大碍，但真的很危险！下午四点全部队员安全到达陵水，和陈董会合。晚餐时收到好朋友莲影的短信“海上升明月，天涯共此时，中秋快乐，骑行快乐！”才知道今天是中秋节，有点想家了，亲们，中秋快乐！想看会电视，眼皮直打架，收摊，睡觉！

在南国亮出诸暨车友的旗帜

10月1日　晴　D5　陵水—三亚（田独）

昨晚没睡好，早上起来看见身上被蚊子咬了好几个大包包。但一想到今天轻松的行程就乐了，上午70千米的行程对两天已骑300多千米的我来说相对轻松一点。又是一路高速，由陈董领骑，60多岁的陈董骑起车来一点都不逊于年轻人，高速上让我跟得气喘吁吁！快到出口，又是别有一番风景，俯瞰路桥下的山庄、田园、村落、牛羊，像繁星一样点缀在森林的植被中，让人大饱眼福。

下午开车直达亚龙湾。亚龙湾沙滩绵延7千米且平缓宽阔，终年可游泳，被誉为“天下第一湾”。各具特色的度假酒店错落有致地分布在海边，在老俞师傅的带领下，我们从环球酒店处进入。哈哈，没有买票就到了海边。湛蓝的海水，松软的沙滩，远处游艇游弋追逐，海边成群美女相互追逐嬉戏，“好色”的阿尔法时不时和比基尼女郎拍照合影，我因身体不适没下水，担任海边摄影师。哈哈，让杨老师也下水放松放松，一张张微笑的脸，一个个优美的“麻豆”，一一定格在了我的相机里。

走在沙滩上，发现中国人在海边的娱乐方式和西方人有很大的不同：西方人偏好享受日光浴，拿上一本书，就可以晒上一个下午；而中国人很少有人躺在沙滩上晒太阳，大家更爱好各种水上运动，如摩托艇、拖曳伞等。我也在陈董的邀请下坐了回摩托艇，迎面扑来的海浪让我呛了好几口海水。呵呵，可爱的香蕉船小帅哥，看见我拍他的香蕉船，马上靠过来，伸手摆出一个“V”，等待我按快门，这么热情大概想拉单生意。

可惜此时乌云密布，不一会儿下起了大暴雨，我们一行匆匆告别了亚龙湾。亚龙湾很美丽，但感觉有点浮躁，到处充满了商业气息，感觉比几年前来要差了一点，可能是蜂拥而至的游客造成的感觉。不想这么多了，早点休息了。迄今我们已胜利完成东线的全部路程，明天开始骑行中线，迎接我的将是更大的挑战：翻越海拔 1879 米的五指山。身体出了点状况，很纠结，坚持还是放弃？我做好了坚持的准备！一定要克服生理和心理上的障碍！我一定能行！加油！

10 月 2 日　小雨转多云　D6　田独—五指山—琼中

早上下起了小雨，在路边的早餐店吃早餐，米粉加油条，油条很大，形状和味道就如肯德基卖的放大版。早餐后各自拿出豆总为我们准备的雨衣，准备按计划骑行。老天真的很眷顾我们，出城不到 10 千米，雨停了，我们纷纷脱下雨衣，整个人感觉到一阵凉爽、轻松。不远处已看到起伏的山脉，海拔已慢慢地攀升。骑行缓坡约 10 千米后，下坡到三道镇，在槟榔谷补给了一个椰子。海鹏说上午没坡了，让我放心地骑。后来才知道坡才刚爬了个头，骑行约 10 千米后又开始爬坡。此时已无心欣赏山谷的美丽，真的是举步维艰。看着前面匀速前进的老俞师傅真的不得不佩服，这位60多岁的老兄有如此好的耐力。此时的我两脚已像灌满了铅一样，呼吸和踏频已完全打乱了。旁边的阿龙一直为我打气加油，老俞师傅也鼓励着说，拐了这个弯上了那个坡就到了。也不知拐了多少弯翻了多少坡，终于看到了前方休息的海鹏和老方，听到为我呐喊加油，我的精神也为之一振，此时小推上的椰子和“马达椅子”真是五星的享受啊。过顶峰后一路下坡，双手扶把不敢有一丝怠慢，连对面骑过来的骑友都不敢单手打招呼。终于到了山下，进入了五指山界，沈立志已在餐馆为我们准备了当地有名的“东山羊”，此时我的眼睛肯定已经发绿了……

比起上午的骑行，下午的更为艰难。下午骄阳似火，气温已明显上升。出城继续走224国道，一直在上坡弯道盘旋前进。大约骑了12千米到达中线最高点“阿陀山”，这段路是中线最美的地方。一路下坡，其后虽无大坡，但仍起伏连绵。各车友因体力差异，都前后分开了，最后30千米前面的追不上，后面的等不及，

与外国友人一起合照

只能按自己的频率，每踏一次就想着离目的地又近了一步。终于在天黑前第 5 个到达了宾馆，远远看到阿龙在等我，亲人呐！

这一天骑了 160 多千米的路程，48 千米的上坡，体力严重透支，精神已到崩溃边缘。但我坚持了，完成了！好样的连哥！

10 月 3 日　晴　D7　琼中—屯昌—老城

昨晚睡得很香，早上起来体能基本恢复了，在陈董的领骑下继续前往下一个目的地。刚出城的十几千米地形还有些起伏，后渐渐平坦。公路两侧是大片的田野、橡胶林、槟榔和椰子树，路很好，车也很少，路边不时有青橙卖，好吃、便宜，可惜不好带。

中午在屯昌一家新开的酒楼用餐，说来也巧，老板也是一位骑行爱好者。我们的到来无疑给他们增添了不少喜庆，无车不兄弟，老板很热情，亲自招呼我们，递茶倒水，签名拍照，还请来了当地自行车协会的会长。小憩片刻继续赶路。屯昌出来那段路灰尘很大，而且路况很差，颠簸得手麻，屁股基本上“蜻蜓点水”过来的，公路上兄弟叫苦连天。下午 5 点多到达计划中的小镇，后勤部长沈立志花了好长时间都找不到住宿的地方，商量片刻后决定继续前进，拐入西线高速路口，在老城找到了住宿处。此时天已暗，宾馆很实惠，80 元的标间，有热水、电视、空调，床铺也很干净。晚餐庆祝胜利骑完中线，烤乳猪加同山烧，把今天燃烧的热量又补了回来。晚餐时受到陈董的表扬：“诸暨女性的骄傲……”飘飘然了，哈哈，多喝了一杯。酒精作用使我十点多了还没睡意，为了保证明天的骑行，关灯，睡觉！

10 月 4 日　晴　D8　老城—儋州—东方

累得只剩下呼吸了，200 多千米，骑车至今从未突破过的一个纪录。又一次挑战了自己，因后天天气预报大暴雨，西线三天的行程必须在今明两天拿下，明天到达终点三亚。还是平坦的高速路，在上面骑行有种想睡觉的感觉，千篇一律的高速路，又没风景。倒是突然对里程碑感兴趣了，从前对里程碑没多大概念，虽然是搞路政工作的，但基本上很抽象，今天才深刻地感受到里程碑的作用，数着看着，给自己定休息的目标，都以里程碑来计算，看着里程碑上的数据一点点地小下去，知道离今天的目的地也越来越近了。中途休息，可爱的小赵突然发现我的骑行帽是反的，美其名曰："奥特曼"，真是骑晕头了，戴了一下午浑然不知，哈哈……

离东方 10 千米处看似下了一场大暴雨，运气不错没淋到雨，但虽没淋到，车轮溅起的水花也把后背都弄湿了。下午 5 点多终于看到东方出口了，此刻好想家里的大浴缸，好想妈妈的鸡蛋挂面。

好在沈立志早在前方安排好了住宿和晚餐。有热水澡洗也不错。每日一报，给家里汇报了今天的战果，老公有点不信，说有介多好骑格，是勿是表坏掉啊？小样！累趴下了，晚安！

10月5日　晴　D9　东方—三亚（荔枝沟）

今天 160 多千米的骑行强度不逊于中线的五指山。一路隧道很多，一个接一个，有的长达几千米。其中最长的一个，为了骑行安全，等所有队员到齐了，我们分两列纵队，骑在前面，后勤车开着双跳灯挡在后面。不但如此，还碰到了骑行中最大的障碍——顶风，之前俞师傅最担心的就是这个，但还是碰上了。顶风是非常痛苦的。西线由北向南时，没有什么感觉。但转向东行和回程向北行时，顶风。每踏一步像要被吹回三步一样，就连下坡都像是在上坡。体力已完全到了极限，一次次缩短休息的距离。好在后勤一直很给力。可恶的风差点把我的意志都吹垮了，几次纠结想上后勤车，但还是咬牙挺了过来。最让我感到不安的还是最后几千米，因后勤车上内胎已"弹绝粮尽"。终于过了最后一个隧道——荔枝沟隧道，紧绷的心才算松下来，胜利已在向我招手。远远看到F杆上500米出口的标志，此刻不知怎么冒出“这下破胎也不怕了……”的念想，还真“心想事成”，好事多磨，后轮没气了，环岛最后500米推车小跑完成！在出口处与先头部队胜利会师！好激动！我胜利了。是的，这次环岛骑行我胜利了。大家都圆满地完成了这次环岛骑行！

小　结

这次海南环岛骑行无疑是我生命中又一个亮点，回想几天的行程心里很是感慨。感谢一路对我照顾有加的兄弟，要不是你们的支持我很难完成这次梦想。在以后的日子里，海南之行的点点滴滴都将是我记忆里难以抹去的部分，也许哪天我身心疲惫或老了的时候，翻开一路拍过来的相片，会更加坚定对生命的等候！人生总是因经历而精彩的，而我更喜欢人在旅途的那种感觉，就如豆总那句“未来我们会骑得更远”！期待下一次与你同行！我爱骑行，我行，你也行！

作者（闲鱼落花）与外国友人

骑着自行车跑“马拉松”

这种“乱搭”的运动方式已经举办到第九届了，诸暨团队刚刚获得一块铜牌。

还在玩沿江跑，还在健身房里挥汗如雨，还在骑着自行车玩个越野赛表示很高端？这些都OUT了，有群诸暨车友已经开始骑着自行车跑起了马拉松。嘿，据说成绩还不错。

你可能还记得，2013年我市3名骑友参加了民间自行车骑行的最高赛事“马自骑”（自行车马拉松骑行赛），即24小时内完成420千米路程，让人叹为观止。在2015年第九届全国马拉松自行车骑行大会上，我市骑友又有惊艳表现：两支车队参加，其中捷安特店口丽波单车俱乐部一行7人，以16小时29分骑完420千米，获团体铜牌。

“小弟弟”成立才一年

说起来，捷安特店口丽波单车俱乐部在我市单车俱乐部中还是个“小弟弟”呢，成立才一年多时间。领头的是36岁的周建波，他2014年拉起一支自行车爱好者队伍，成立了捷安特店口丽波单车俱乐部。

于是，店口一群爱好运动的年轻人就疯狂地玩车骑行。短短一年时间，他们的足迹遍及省内。本人曾在千岛湖看到他们整齐的队伍亮相。这次，周建波、陈灿华、屠玉林、许庞聪、沈海涛、

作者（左）与车友赵钱吕参与“马自骑”裁判工作

王杰、丁超报名参加了“马自骑”比赛，欲在全国比赛中证明自己。

9月6日，第九届“马自骑”骑众从上海枫泾镇出发。上千名骑友一路狂行，争先恐后。在骑行队伍中，捷安特店口丽波单车显得格外抢眼，他们始终保持着整齐的队型，一路骑到安徽省黄山歙县。结果，他们用了16小时29分钟骑完全程，获得团体铜牌。

黑夜中报数保持联系

担任本次比赛裁判的我市自行车协会秘书长郭浩阳对此赞不绝口：“他们在比赛中，采取严格的编队行进，团队协作精神是取胜的法宝。”骑行到杭州临安附近时，王杰被撞受伤，整个车队就为了他一人，停下来休息了宝贵的半小时。

据悉，捷安特店口丽波单车从成立起，在平时的训练中，就严格编队行进，不提倡个人英雄主义。竞速比赛中的自行车选手，采用尾随策略可以大大减少风阻从而降低能耗。在这次比赛中，34岁的沈海涛虽然骑车才半年时间，但凭着强健的体格，大部分时间都在担任领骑，为队友开道。

长时间编队行进也不是件易事。到了深夜，虽然都有尾灯，但漆黑一片看不到队友，他们只能以报数形式来联系，其情形可以说是惊险之极。

欲争爬坡王却破胎两次

还有支队伍是诸暨自行车协会派出的喜德盛珈壹车队，一共5人参加本次“马自骑”。虽说也是第一次参赛，遇到的困难却不小，但他们凭着诸暨人争强好胜的个性，骑完全程，而且成绩不俗。

第九届“马自骑”不同往年，是从东部低处向西部高处行进，比赛最艰苦段是在饥困交加的半夜要翻越海拔1158米高的山云岭。其中吴鹏飞是奔“爬坡王”去的，遗憾的是他在半路破胎两次，还有晚上走了80千米左右的错路，失去了争斗爬坡王的机会。“90后”张淦晓刚上高一，是年龄最小的一个，他也是为了能进入前10而一路狂飙，不幸在230千米处爆胎了，并断了前叉，只有等救援。这样就浪费了很多时间。其中还有章启涛、陈英杰、周凌虚等一行依靠相互配合及帮助完成全程。

最后5人骑完全程共用时间16小时50分钟，这成绩来之不易。

丽波车队在领奖台上

休闲运动，渗入到骨子里的惬意

诸暨地处丘陵地带，到处是青山绿水，有着开展休闲运动得天独厚的自然条件。

2006 年，诸暨市休闲登山协会成立，成为全省最早成立的休闲体育群团组织之一。11 月底，诸暨市休闲登山协会和自行车协会的 400 名运动迷们参加了王家井镇“秋行生态景观堤，品赏水韵王家井”健身活动，当着装统一的“走路团”、外表拉风的骑行选手、夺人眼球的皮划艇俱乐部队员出现时，人们惊呼：休闲运动已成为渗入诸暨这座城市骨子里的生活状态。

放慢生活节奏的享受

随着现代生活节奏的加快，人们的物质生活和精神生活有了很大程度的提高，但是现代人都生活得很累。于是，有车族开始弃车步行，步行成为人们放慢生活节奏最好的选择。人们发现，偶尔学会放下时间，用“慢”帮助自己调养身体，对健康有非常大的帮助。

资深行者周光荣说，走路是一种非常好的运动，既能锻炼身体，又方便易行，不需要任何附加条件，作为一种全身心的运动，可将全身大部分肌肉和骨骼动员起来，从而使人体的代谢活动增强、肌肉发达、血流通畅。

市休闲登山协会每年都要举行数次大型的徒步活动，环石壁湖、环东白湖、王家井镇行、游五泄等，每次活动都有数百名男女老少参加。诸暨的“铁脚板”还走出了诸暨，亮相在全省各个赛场。

11月3日，2014第四届国际（杭州）毅行大会举行，上万名毅行者一路前行，横跨钱塘江，抵达湘湖湖山广场，全程50千米。这中间，有来自诸暨100多名选手，他们中间有一位漂亮的“潮妈妈”，她就是网友“大连”，用7小时走完50千米，成为诸暨第一个到达终点的“女汉子”。

“大连”在机关工作，虽然她是两个孩子的妈妈，但平时酷爱运动，平均每天保持着步行8至10千米的活动量。工作日利用午休时间在健身房跑步机上快走；周末约三五好友，驱车前往东白湖，环湖步行一圈。她说，安步当车，欣赏沿途风景；天南地北闲话家常，走路的乐趣自在其中……

教师俞文光也是个步行爱好者，一到节假日，他总是约起朋友疾走于山水间，曾有数次从早走到晚的经历，有一次在杭州竞走100多千米。爱好文学的他还经常写文章，他写道：“走路就是很好的运动方式，不管你心情怎样，只要你用心去体会走路的感觉，你会发现它也是一种享受，一种莫名的享受。坚持走，不停脚步，会让我们尽情地释放心中的喜悦与骄傲，我们用自己坚定的信念与绝不后退的脚步证明，自己是当之无愧的勇者。”

在众多走路族中，发现他们大都有一个秘而不宣的奋斗目标，这就是跑一次马拉松。随着我市休闲运动的成熟，马拉松这个以往高端的运动项目开始走进普通市民的视野。

释放快感欲跑不止

笔者曾写过诸暨一群跑步族，题为《我就是喜欢跑步，别让我停下来》。读者赞许道：“长跑者真有毅力！”一位资深跑者对笔者说：“远距离长跑，靠毅力是坚持不下来的，乐趣使之然！”

富润集团职工马力就深有体会。这位 43 岁的中年男子，其实爱上长跑运动也就是近年的事。2011 年，他因体检表上亮起“红灯”才开始运动起来。2012 年，他加入了自行车运动行列，凭着初生牛犊不怕虎的精神，参加了“环海南骑行”“环绍骑行”“马自骑”等超极限运动。

2013 年，他开始跑步，很快就痴迷其中，每周至少要跑四五次，每次长跑运动之后全身会倍感舒畅，工作起来更有劲头。后来他上网一查，原来运动会让大脑释放出一种称为内啡肽的荷尔蒙物质，也称“脑内吗啡”，这种物质就好像安神剂一样能令人感到愉快。

如今，马力加入了“乐跑群”和“快乐跑步群”，他还学习了国际流行的“太极跑”科学跑步法，掌握绵里藏针、循序渐进、动作中的平衡原则，有了科学的跑步法，他发现移动身体是一件十分愉快的事情。

在某保险公司就职的斯颖君今年 40 多岁，也是位长跑爱好者。去年 4 月 1 日开始学长跑，每天到体育场跑 8 至 10 千米，他发现诸暨跑步族还不少呢，于是他在网上建起了“快乐跑步群”，如今已发展到百多人。“快乐跑步群”里都是医生、银行职

有一种喜悦叫登顶

员、机关干部等白领，他们经常在一起交流跑步的体会，交流如何避免运动受损，更多地是交流运动后的快乐。

11 月 30 日，“快乐跑步群”一行 10 多人参加福建武夷山马拉松邀请赛。在证券公司工作的孟秀霞竟以 2 小时 30 分左右的成绩完成了“半马”，获得了一块奖牌。她兴奋地说：“我太高兴了，想不到我也能跑马拉松了。”熟悉孟秀霞的人也想象不到，像孟秀霞这样的弱女子也敢于挑战马拉松！

曾做过记者的孟秀霞从事过多项工作，都因身体极其单薄而放弃。多年来，她不能连续工作，不能连续读书，因为稍微累一点就会头晕目眩。今年 6 月，孟秀霞偶尔碰见“快乐跑步群”的群友，在他们的鼓励下，她慢慢开始了一周两次的跑步活动，偶尔还去参加一两次登山。想不到就是这样基础的训练，竟然让她的体质有了突飞猛进地提高。为此，她发出感言：何以解忧，唯有跑步。

长跑不光是为了强健自己的体魄，还有精神激励因素。张吾英的儿子在四川省游泳队，前年因伤痛欲放弃训练。为了激励儿子，年过四旬的张吾英竟然参加了马拉松训练，两次参加马拉松比赛。11 月在杭州马拉松比赛中，完成了“半马”，比上年提高了 32 分钟。当儿子在电话里知道母亲的成绩后，他惊喜地喊道：“妈妈真强大！”在母亲的榜样带动下，儿子发奋训练，最近进入了国家游泳队集训队。

在诸暨，参加过马拉松比赛的有上百人次。他们最大的愿望就是在三环线贯通之后，诸暨能举办一次全省性的马拉松比赛。

登顶感觉无与伦比

诸暨休闲运动群中还有一批登山者。东白山、走马岗、杭坞山等诸暨的几座名山经常人头攒动。

与步行、跑步相比，登山运动需要更大的勇气和毅力。诸暨至少有四五百名登山爱好者，他们不同于一般人偶尔登山观光，而是把登峰作为一种人生的挑战。每逢节假日，他们就在网上查询登山地点和路线，然后网上邀约，背上登山包就上路，去体验人生不同的经历。

一位登山爱好者说："在现实生活中，我们有很多梦想。但如果不去行动，就永远只是梦想。只要你去做，你就会发现没有你想象中的那么难。"

网友"山丘"今年36岁，是机关干部，在他看来，平时工作平淡无味，需要用登山来证明自己。他在几年前开始痴迷于登山，仅东白山，他每年都会攀五六次，最快登顶时间仅用了70分钟。每次登顶后，他都会用相机记录下那一刻："会当凌绝顶，一览众山小。"登顶的感觉真好！

作为专业驴友，在电信单位工作的李蓓蕾已不满足于诸暨境内的几座高山，他的视野扩大到国内的各大雪峰。近年来他的足迹已到了四川、西藏、东北等地的名山大川。今年7月11日，李蓓蕾和国内登山爱好者一起，经历10多天的攀登，成功地登上了新疆海拔7546米的慕士塔格峰，绍兴籍选手仅他一人，为此新疆登山协会出具了登顶证明。

登山是为了体验寻常无法经历的人生过程。贺满鑫是一名来自北方的中年男子，在诸暨创业。平时就喜欢和登山迷一起登顶，诸暨大大小小山峰都转遍了，于是就远征到江西、安徽等地的大山。2012年还成功地登上了海拔5430米的四川半脊山。

登雪峰是公认的极限运动，这一过程对身体而言是极度痛苦的。贺满鑫深夜露营在雪地上，强烈的高原反应使他头痛欲裂，他甚至想："我为什么要登山？为什么要吃这个苦？"然而，他经历了千辛万苦登上顶峰，看到了壮丽的雪峰，看到了常人难见的高原迷人风光，他又感到这一切付出都值得。

高山仰止，对于那些爱好极限运动，有一种喜悦叫作登顶！

枫谷暴骑

阿尔法

2010年7月18日

老早便制定好“骑完美枫谷”的计划，7月18日终于成行。

虽然人数不多，好几个打算要去的车友如小郭、小豆、小孟、小杨、老三哥等因另有事情而这次无法成行，就连小马都已经和我们骑到枫桥了，也因单位临时有事而改道店口。所以最终只有柳叶刀、人可君、俞师傅和我四个人骑行了完整枫谷，从相机里的时间显示，从枫谷线“0千米”路牌到终点“54千米”路牌正好用时3个小时，这其中包括途中3个小憩时间。

全程线路：城关—枫桥—赵家—东和—闹桥—西岩—东台—竹溪—谷来—竹溪—闹桥—浬浦—城关，全程约150千米。

我在爬坡时，一直想起豆豆常提醒的要控制好呼吸和踏频，也一边在学环法选手摇车的动作，所以一路骑下来还是挺满意的，这当然也离不开前些日子“两寺一洞”的爬坡练习。

个人觉得骑行最有感觉的还是从诸嵊交界处骑到谷来的20千米坡路，这里树荫深深、溪流潺潺，与我们的车轮沙沙声仿佛是渔歌互答。由于是顺流而下，你可以轻松骑个35码以上，而从谷来回来时，你会感到这种缓上坡竟是如此的温柔，骑个20

码以上，一路欣赏青山绿水的美景，让你忘却今天已达摄氏 37 度的高温，同行的柳叶刀也是大呼过瘾！

说到高温，统计一下自己全程所喝下去的饮料就可见一斑：红牛、佳得乐、激活各一瓶，自带茶水、啤酒各两瓶，再加路上补充矿泉水 6 瓶。天哪，将近 7 升之多！噢，为防止中暑，我还喝了一小瓶藿香正气水，这个东东虽然难吃得要命，但效果还真不错，建议在夏天骑行的车友以后备一点有好处！枫谷沿线的乡村小店你根本买不到诸如尖叫、激活、佳得乐之类的运动饮料，最后我还是在谷来镇上一家“大型”超市里面找到了他们仅剩的四罐红牛，哈哈我们刚好一人一罐，不过在路上冰啤酒还是能喝到的！

从街亭到城关，气温实在是高，嘴里嘀咕着还不如下场暴雨来得痛快。说来也奇，骑到大润发时老天真的下起了倾盆大雨，那个凉爽呀，哈哈！我们在雨中穿行，引起街上躲雨人群的“哇”声一片，这时我们仿佛是老舍笔下的“骆驼祥子”吗？

骑行成为城市人休闲出游的好方式

英姿飒爽　环东白湖

肖　今

2011年4月23日　星期日

早在上海，在QQ上听恩师谈他们的单车队故事时，我就特羡慕，他们全副武装，甚是威武。

过去，自行车是主要交通工具，家里要是有一辆永久牌或凤凰牌的车就很了不得，家境算不错了。如今，汽车时代改变了人们的生活观念，走路成了锻炼身体最简易的生活方式，骑单车却成了业余生活的消遣方式之一，更有甚者一副行头就五六万，可谓高级，令人唏嘘。

不想，到了新公司，老板跟我谈的第一件事就是赞助自行车协会搞活动。节能环保，绿色生活，这是现行社会倡导的主题。物价飞涨，工作压力增强，不管是基层工人还是中高层干部都面临着缺乏运动导致的健康危机。平时人们身体乏力，不愿多动，养成惰性。但团体活动可以督促个人的行为，也能促进行动积极性，这也是一些社会团体协会赖以生存的大好环境。只要是积极向上、乐观阳光的，人们总是愿意接受。

其实公司正是业务繁忙之际，但因老板的热衷和表率作用，同仁们自然一一响应，穿上量身定做的骑行服，轻驾红色单车，在春光灿烂的午后，环着静谧恬淡的东白湖浩浩荡荡地行进。

每遇路人，都禁不住盯着我们好奇地问：“这些人是从哪里来的呀？这么好看！”我们说：“从诸暨城里来的。”说完，一笑而过，像一群红精灵，飞过名声正响的东白湖。

很多事，听别人说你很容易退却，他们总是把自己的经历或者估测扩大化，不论有意还是无意。但当你带着可怕的信息到达目的地时，就会发现，如果自己不放弃，那么再大的困难都能够用心克服，即使失败也有收获。

东泉岭是环东白湖坡度最长的一段路，所以提醒我们的人都说，如果你们能骑上那条岭，那真是很不错了。在他们的想象中，我们中的一半人会推着车上坡。可喜的是，除了个别体力确实差点的，其余人全部踏行而上，勇占东泉岭。

大当家说得没错，好风景在东泉岭上。俯首下望，翠林曲径，风和日丽，心情正好！

女子骑友队好威风

滴水岩，诸暨车友的“朱日和”

2016年3月5日

今天下午有点空，我要去骑滴水岩。

这是个很正确的选择。如果骑行时间不宽裕，我就会选择这条线路，因为省时、强度大，一个小时的骑行，完全可以抵得上在公路上骑四五个小时的强度。我相信，诸暨几乎所有的车友都骑过滴水岩。没有骑过滴水岩，简直不好意思称自己是诸暨车友。

第一次知道滴水岩骑行道，是在2009年。我刚迷上自行车，跟着一帮车友从草塔大唐回来，意犹未尽的骑友说要上滴水岩，我就不知不觉地跟着上山了。车由市南公路拐进暨阳街道郭家坞自然村，就是一段盘山公路，路不长，坡度也不大。许多不熟悉路的车友一上山就使出全力，结果到了滴水岩就精疲力竭。谁料，真正的考验在上面的宝寿寺。

关于宝寿寺，很有历史。据史料记载，宝寿寺始建于唐大中八年(854)，由高僧神智住持。寺名初为“圣寿寺”，咸通十年(869)易名“咸通宝寿禅寺”，后渐以“宝寿寺”一名行世。

2000年前后，民营企业家宣国祥投资重建了宝寿寺。他当年雄心勃勃，勾画了位于诸暨市区南郊的越国风情文化园，有宝寿寺、滴水禅寺、一大会址、南海瑶池、五彩天池、地藏殿、赐寿井、赐财井等景点。作为当地旅游景区的“新秀”，在短时间内努力争取到了2A景区资质。

到宝寿寺的路并不长，转个弯就到了。但那个陡，简直让新

宝寿寺

手望“坡”兴叹。半山腰的一段坡足足有20%的坡度，这里之前是条小路，设有台阶，落差达数百米，近年才重修，公路陡而险，最大坡度有25%，没有点体力和强大的内心，单车是难以骑上去的。

记得我第一次骑行，那真是使出了吃奶的力气，到了顶上，上气不接下气。骑车运动最大的特点就是可以“炫耀”，哪怕是狼狈不坝，事后还是很有成就感，可以向人夸耀。

滴水岩已成为诸暨骑友的训练基地，被称为诸暨骑行界的“朱日和”（国内著名军事演习基地），许多骑行大咖就是从这儿出发的。我也是通过多次“自虐”，骑上了滴水岩的坡，觉得天下就没有什么坡能难倒自己了。以后，我每次骑坡都不怵，这也是滴水岩的功力所在。

每次骑滴水岩，我心里充满敬畏之心，因为滴水岩还是诸暨革命圣地——中共诸暨一大会址！

滴水禅寺坐落在一个畚斗形的山坳里，三面环山，寺的背后就是高峻陡峭的滴水岩，环境甚为幽僻。共产党在滴水岩里面开过会的，但究竟是个什么会？社会上许多人都不太知道。前几年诸暨日报社记者采访了郭家坞自然村党支部书记，才揭开了中共诸暨党史的一段秘史。1927年，只有17岁的金树望接到通知去滴水岩参加会议，他对当时的情况也没多少了解，只是接到上面通知说让他到那边什么地方去等，也没说是去开会，说到青莲寺之后再决定。

据金树望回忆，到滴水岩开会是当天的下午。但他凌晨就起床了，他一直走，走到宝寿寺，再翻过来，大约是3千米的路，全是陡峭的山路。中午的时候在滴水岩上面还要等着，究竟到什么地方去开会还不知道。后来，当时的绍兴县委工运部长陈兆龙宣布，在滴水岩这个洞里开会，原来滴水岩是个山洞，前面是柴草，隐蔽得很，外人很难发现。

据说，这次会议原本打算在泰山庙（现浣纱大桥东头南侧）

召开，因为城里国民党军队异动，为防泄密才临时决定转移到隐蔽的滴水岩的。

所以每次骑车上山，我的脑海里总会想象当年革命先驱冒着白色恐怖，义无反顾地上山开会的情形。那时，可能还是羊肠小道，人烟稀少，更重要的是，这是一条危险之路，革命可是冒着杀头的危险的！

因此，我对家乡的红色基因感到骄傲。中华人民共和国成立前，在县一级召开党代会是很少的，浙江省只有诸暨和余姚两地召开过县级党代会，余姚是在 1939 年召开的，诸暨是在 1927 年，比余姚整整早了 12 年，所以说，中共诸暨“一大”是浙江省最早召开的县级党代会。

这次会议是诸暨共产党历史上的里程碑，从此诸暨的革命有了坚强的领导核心，意义非凡。“一大”之后，诸暨迎来了 1928 年诸暨党团组织的大发展和党领导的全县农民减租抗租斗争的胜利，在诸暨共产党历史和浙江共产党历史上都留下了绚丽的一笔。

在滴水岩山门口，诸暨市人民政府在这里建起了中共诸暨一大会址纪念碑，每年“七一”节都有许多单位到这里来进行党员党日活动，滴水岩成了我们后人温党史、学精神的教育基地。原来从东面通往滴水岩只有一条徒步的羊肠小道，1999 年，政府等多方出资 80 万元修筑了水泥路，现在车辆可以直接上山。

越来越多的人喜欢到这里来走走看看。有走路的，更有骑车的。我想，当年革命先烈，如有灵应当欣慰，他们为之奋斗的美好生活已实现，现在生活在幸福中的我们，应当时时不忘美好生活是如何来的，更要珍惜来之不易的美好生活。

珍惜美好生活，需要健康体质。人这一生不容易，从早晨到天黑，忙忙碌碌就是一天。人这辈子过得很吃力，脚下的路，步履艰辛也要走完，我倒希望在车轮上完成，因为这样可以看到更大的世界。

骑行船山

当华美的叶片落尽，
生命的脉络才历历可见。

——王　蒙

2016 年 6 月 19 日　星期日

6 月 19 日，是西方人的父亲节。这天，许多男人以自己的方式来庆祝这个洋节日。我们金盾车队决定上岭北船山，这是诸暨最南端的村庄。骑行强度之大，可谓诸暨骑行版图之最，也是最具挑战性的线路之一。

我们曾经多次骑过岭北，环石壁湖，就要经过岭北，但多次只是到了岭北的边。记得有时在饭桌上，我说我曾骑车到岭北，就好像到了西藏，得到了惊讶的目光。岭北是诸暨边界山区，号称诸暨的西部地区，交通不便，仅一条盘山公路与外界联系，蜿蜒曲折。但也是山高林密，成就了生态镇乡之名。

今天我们要到船山，这个村名给人几许遐想：高山峻岭之中的船头，还是远古冰河时代的渔村？

今天出行的壮士有 8 位：金伟牛，65 岁，企业退休工人，退伍军人，铁杆骑友，骑龄 5 年，每周至少骑四五次。按他的话说，骑行已融入他的生活中，他经常一个人雨中骑杭州，一个人环太湖，我们私下认为，像他这样的自虐式骑车不可取，但不妨向他表示敬意。另一位老赵，经信局退休干部，上个月因个人原因，没有参与骑车，这次重新归队，有点小激动。还有诸暨机床厂工程师楼炯，带着他的小伙伴，让这次骑行队伍有了新面孔。

早上 7 点10 分，我们的车队出发。到岭北，要往璜山陈宅方向走。到璜山，有许多路可走，我们不会傻到沿着陈璜公路骑，那是诸东大动脉，车流人马如织。

领头的是老牛，老牛识途。带着我们从环城南路穿过天车罗村，那是风景优美的城郊村，保持着水乡的风貌，浦阳江、东江环村而过，江边绿树成荫，我每次骑车经过，都会产生莫名的快乐。一种豪气油然而生。

岭北镇是诸暨、东阳、义乌三市交界的偏僻山区，集镇距诸暨城区 53 千米，距东阳市 18 千米，距义乌市 36 千米，辖区面积 66 平方千米，属于我市城区饮用水重要备用水源，石壁水库的水源涵养地，生态环境十分重要。

这里四周密林覆盖，烟雾缭绕，青峰屏立，林木苍翠，植被近乎原貌，生态条件优良。湖湾港汊深幽曲折，半岛星罗棋布，且大多三面环水，形态俱佳，清水、浅滩相拥，古木、花草相连，野鸭、白鹭相伴，鸟语花香阵阵，空气清新怡人，自然形成了诗意空间。

船山村位于诸暨市西南，地接东阳。关于这个有着浓郁东阳风情的村子，我们没能获得太多的资料，只是被告知：这个村子大概已经存在了 400 年；在石壁水库建造以前，这里由东阳管辖。

有山的地方就有人，有人的地方就有历史。要说船山村的历史，整个村子里能够娓娓道来的就得数吴祖生了。今年 76 岁的吴祖生曾经是村里的老书记，对整个船山的地理风貌、人文典故都熟稔于心。

据吴祖生介绍，船山原名钱家，后来才有了船山这个村名。“村子的西南方有两座山，山势险峻，远看像一条巨大的船，我们村就在船肚里。所以就叫‘船山’咯。”

村北有三山相依，间有沟谷，形如笔架，名曰笔架山。村西南方的山头状似旧时乌纱，故称乌纱山。“所以，我们村的人都很会读书，而且整个岭北闻名。”吴祖生说，旧时船山，有过贡生；近代船山，有黄埔生，有参与原子弹研制的科学家，也有政界、科学界人士。在吴祖生和村人的眼里，船山之所以出人才，冥冥中和村中的风水有关。因为笔架和乌纱，都暗含了某种成功的内涵。而这两个寓意明显的山名，除了给了村民美好的愿望之外，也的确带给了他们累世的骄傲。

让我们最感兴趣的是，岭北当年也是抗日战争的战场。船山村山下有一处纪念碑，无声地诉说着当年腥风血雨的历史。我们仿佛依稀能感觉到枪炮声在耳边回响。

骑行天堂，诸北山区

在抗日战争时期，岭北因地处高山峡谷之间，而扼交通之咽喉，战略地位尤为重要。国民党第十集团军把岭北作为军需后勤重地，驻扎大批人马，地方政府征用了大批农夫，将东阳、诸暨、义乌等地的军粮和其他军用物资，源源不断地运到岭北。在上下花厅设军火仓库，下新屋小宗祠前厅设军需被服仓库。岭北新祠堂、占家坞厅和金山湖祠堂三处设了军粮仓库，五间厅设战地医院。一时间岭北地区成了敌我双方必争的战略要地。

1941 年 5 月 13 日，日寇调集优势兵力，在 9 架轰炸机的配合下，向义乌东北的里西岗、龙华岗、三十六岗、雪顶一带的国民革命军大举进攻。由于军队缺乏防空作战的经验，对敌机的狂轰滥炸一筹莫展，死亡不计其数，尸横遍野，惨不忍睹。

次日八九点，日军到达，国民革命军丢弃如山的军粮、军火，纷纷逃离。而大岭头通东阳城大路被日寇封锁，大批国民革命军被求生欲望驱使，挤上唯一一条生路——泥泊岭。日寇飞机，3 架一组飞到岭北上空，盘旋几圈后沿着兵员密集的泥泊岭山路，轮番轰炸扫射，炸弹就像纳鞋底的针脚一样，一个连着一个，爆炸处血肉横飞，军火库和军需库均被炸毁。部分幸存者向东向南翻山越岭，经罗店、书厦、落鹤山、乌竹岭一带侥幸逃生，途经裘家岭、石笋山、石马坑又遭敌机轰炸，被炸死将士数百。

1948 年，当地政府为“抗日阵亡将士之墓”立碑纪念。1996 年，村民筹资重修。每年清明时节，村民自发去祭奠凭吊，学校组织师生扫墓，进行爱国主义教育，居安思危，勿忘国耻。2012 年，村老年协会为纪念抗日将士阵亡七十周年，在墓左侧筹建“抗日阵亡将士纪念牌”，纪念抗日英灵，教育子孙后代，勿忘国耻，强我中华。

“若无闲事心头挂，便是人间好时节。”岭北，如今正在往休闲特色山区疾行。

岭北镇民风淳朴，自然环境优越，森林覆盖率达 82.3%，是远郊生态型乡镇。在2007年前，轻纺是岭北镇的支柱产业，虽然农民富裕了，可是7000多台喷水织机对岭北的生态环境污染却是日益加剧。为改变这一现状，给子孙后代留下一片绿色，在镇党委政府的引导下，岭北人民关停自家织机，转变发展模式，根据本地实际大力发展休闲旅游业。经过几年的努力，如今岭北的休闲旅游业已渐入佳境，形成了集生态农业、休闲观光于一体的完整产业链，吸引了大批省内外游客。

岭北开门见山，山林资源达到73800多亩，是一座大型的天然氧吧。绕石壁水库沿石东线而上，鹿苑山庄、岭北山庄、绿船山庄、岩顶农庄4个各具特色的山庄呈现在游客眼前。鹿苑山庄古朴美观，山庄制作的“岭北周”牌火腿更是远近驰名。岭北山庄依山傍水，面朝水库，风景优美。绿船山庄、岩顶山庄则位于海拔六七百米的山顶，在山庄外远眺，层峦叠嶂，景色优美，毗邻千亩树莓基地。据了解，旅游旺季时，4家山庄都出现了游客爆满的景象，年接待量约9万人。

除了欣赏领略大自然的风情之外，美食当然必不可少。岭北特殊的地理位置，造就了具有地方特色的饮食文化，盐焗鸡、玉米饼、土鸡煲、炒粉丝、豆腐包都是闻名省内外的特色菜肴，盐焗鸡更是游客的必点菜。盐焗鸡是直接用盐烫熟而成，不添加任何其他调料的一道美食，制作过程看似简单其实复杂，火候控制要非常精确而到位，所以口味也很独特。入得口中，外酥里嫩，油而不腻，由于采用的是高山放养的六月鸡，肉质坚实鲜美，咸淡恰到好处，让人回味无穷。

近年来，岭北镇积极改善生态环境与居住环境，主动接轨横店影视城和东白湖休闲度假区，加大宣传力度，努力将岭北良好的生态环境和独特的文化资源转化为发展优势，扶持休闲旅游业发展，全力推进“生态岭北、休闲岭北、幸福岭北”建设。

岭北明天会越来越好，船山，一定会更美好！

亲近笔架山

2016年9月10日　星期六　晴

每周五下午，我通常通过微信来征集周末活动，正好我的朋友黄钦林邀请我们骑行东白湖镇笔架山，满口答应。黄总是退伍军人，办厂很成功，又喜欢山水，喜欢文字。他有些担心地问我，能骑上去吗？我骄傲地借用一句广告词回答：车到山前必有路，车能上去我就骑上去！

笔架山很有名气，早就知道浙江省十大古村之一东白湖村千柱屋背后有个笔峰书院，就在笔架山脚下。骑上去，很有成就感。

周六大清早，我们金盾车队一行六人准时出发。通过三环线，一路疾行。我们从左路环湖一圈，很快到了东白湖村，我原以为笔架山一定在千柱屋后面的山上。谁知，笔架山上山的路在好几千米外的上泉村。村头有条公路，路标上写着笔架山，我们一行人第一次骑车上山。

在上山前，要做一下功课。东白湖东面有笔架山和笠帽山（当地呼为凉帽山），两座山山如其名，脉脉相对。笔架山异军突起，尖峰直指苍穹；笠帽山莽莽苍苍，万千支毛竹拥拥挤挤。笔架山下不远处是国家重点文物保护单位千柱屋。千柱屋水绕山环，环境古朴秀丽，屋后是笔峰书院。最远处是黑黝黝长城般的东白山脉和巍然耸立的走马岗，风生云起，气象万千。

笔峰书院其实就是斯家的私塾。斯元儒在建千柱屋的同时建造了它，这再次证明了这位乡绅的远见卓识。他的后代都是在这儿接受的文化教育，书院也为斯家培养出了一些成才的子孙。

清《光绪诸暨县志•坊宅志》载：“笔峰书屋，在松啸湾之麓。襟山带水，曲折幽邃，门前曲池，红莲盈亩，夹路皆植红白杜鹃，月季玫瑰，桃杏梅柳，灿烂如锦，山上杂种松竹。有三层楼，朝揖五老峰。又有小池，水从石龙吻中喷出。林泉之胜，甲于一邑。”

东白湖于诸暨，类似于西藏高原于我们国家。有名的、无名的，东白湖边的山不可胜数。湖伴山增色、山傍湖添彩。山风卷着湖水轻翻细滚。

随着东白湖的声名鹊起，越来越多的人来到这里，寻找梦中的家园。东白湖镇古朴自然、美丽天成的秀丽风光，同样也吸引着很多画家、摄影家前来寻找创作灵感。笔架山也是绍兴文理学院摄影书画创作基地。

走进斯宅这个宝地，不管朝哪个山谷走，你都会觉得这里的山谷幽而且深，总是走不到底，这环境宜“藏”。在南山江朝廖宅方向走，可直达东白山脚下，往张家湖方向走，又来到五指山与笔架山麓。

上山要比平路费三倍力气。经过几道弯，我们终于骑到了山顶。想不到，山顶上竟建有一幢平房，这是绍兴文理学院的摄影基地。处处可闻墨香，处处可见墨影。这里经常有学生来，前不久，东白湖镇吸引了 100 多名绍兴文理学院的师生前来写生。这次，他们将在东白湖镇驻扎 10 天。东白湖的千柱屋、笔峰书院、香榧公园南园、笔架山等景点，将一一跃上他们的画纸。

朋友告诉我，斯宅群山环绕，是收心向学的世外桃源。幽谷中的溪涧源远流长，绕山曲流，川流不息，犹如华夏民族的母亲河黄河的曲折，滋润着自然界的万物生灵。水流至斯宅的进出口处，这是一个大湖，名为东白湖，水深千丈，大泽龙蛇，这也是一种“藏”。如此山脉起峰、风水俱佳之地，又岂能不出俊杰英才！

斯宅之美，不仅在于文化沉淀的灵气，还在于“暧暧远人村，依依墟里烟”“有家皆掩映，无处不潺流”的田园意境。

山坳清幽宁静，小桥流水，还有抬眼可见的竹林、榧林、果园、菜地，悠然自得的农家景象让人驻足流连。

站在笔架山，让人感受到乡村之美，同时也产生了许多联想。城市化进程迅猛，现代化浪潮席卷之处，一应城市乡村都无所逃遁。目光所及，几乎到处都是所谓标准化、时尚化，因而也是高度雷同化的环境和生活。喧嚣和躁动，忙乱和焦虑，速度和效益……织就一张无形巨网，让人们灵性窒息，疲惫不堪。相形之下，这里幽静古雅的氛围，舒缓从容的节奏，便愈发显得可贵。仿佛是上天的特意安排，在遥远宁静的群山之间，安放一种美好，为了让人们真切地领悟，什么才是诗意的生存。

与黄钦林（中）及骑友合影

附

黄钦林笔下的茅塘山庄

茅塘山庄是诸暨境内海拔最高的山庄，无山不飞云，无云不绕山。今日上去，千里烟波，浓雾缭绕。人生似梦，梦里梦外其实皆如烟雾，它有着虚无的美丽，又有着荷花般的清莹；它有着诗词般的朦胧，又有着莫言的惆怅。

山庄的地理环境比较特殊，在一座高耸入云的山顶上借助这样一块地方可以如履平地，与峰望齐，一览众山小的气度油然而生。我喜欢这种超然的感觉，但说得确切点，其实我更喜欢被雾包裹的幽雅。在我的心中，雾无疑是最具气质的东西，它让我的心灵得到滋润。在太阳未舒展腰身之前，雾笼罩了整个山庄——房屋、树林、高山、原野……任何生灵，包括我，都成为了雾的囊中之物。它又难以捉摸，让接触到它的人都会对它产生疑惑与向往，而这也正是我喜欢雾的地方。

看吧，这雾瞬息万变，幻化成千奇百怪的形状和颜色，一会儿，它宛如一位轻盈的少女，裸露洁白的肌肤，飘悬于空中，你简直不敢直视她的天真与美丽；一会儿好似一位丰盈的少妇，从花丛中走出来，婀娜多姿，你分辨不出她的花季，但越看越想看，越看越耐看；一会儿，它又仿佛变成了一位朴素的老妈妈，用慈详的目光注视着这个多变的世界，使人亲切，令人静谧，让人不敢妄动。

天地就这样笼罩在雾气中，近处的草木，远处的山峦，都在浓雾中若隐若现。山上没有山下的喧嚣，但你能听见百鸟愉悦的、时断时续的欢唱，只能在靠近它的瞬间，才能够看到它惊飞的模样，待你有心想再看时，它那娇小闪转的身影仿佛一下子飞进了虚无缥缈的仙境之中。

茅塘山庄的雾不但神秘，而且像被赋予了生命似的，她就像大山的女儿，深情而又细腻地亲吻着母亲的面颊。而她又似乎得到了母亲的许可、鼓励，把流动的美回报给每一个上山的人。她又像一位唐代的大师，在泼墨作画，她泼墨的手法大胆精致成熟，墨汁所至，顿作时淡时浓的雾气在山间游动，使山上的景致、风光，变成了一幅幅水墨丹青，使人无限享受山在云中飘、人在画中游的美妙。

起风了，平静的雾海滚动起来，犹如大海的波涛，汹涌澎湃，瞬间，又幻化成飞龙、孔雀、老虎、狮子……所有你能通过臆想得到的各种动物植物景观都扑面而来，倾刻间又被风打散，又重新组合，卷着漩儿，打着转儿，依依恋恋地在山谷中飘起来，飘起来。

起风了，雾就会散去，待到雾散去，露出湛蓝的天，蓝得刺眼。山上的一切都被雾擦洗干净了，连我的心肺仿佛也经受了大自然的洗礼，显得干净轻松安静。你如若不信，请上来呼吸吧，空气是多么清爽……

跟随陈妙林骑行

2016年9月24日

2016年5月31日，诸暨正式提出实施“北承南接”，即“北承杭州”“南接金义”，深度融入。骑行圈也来了个深度融合！

骑行，本来就是一项群体运动，从来都不是独行侠客。骑行，与谁一起骑，就如吃饭与谁一起同样重要！

两地车友相聚，不亦乐乎

2016 年 9 月 24 日，诸暨市自行车协会迎来了一位重量级中国骑士，开元旅业董事长陈妙林先生率开元车队 18 人前来骑访诸暨自行车协会。得到这个消息，我们金盾车队也派人参加。

早上 6：00，他们从萧山出发，过临浦，经店口快速道于 8：30 到达耀江开元大酒店，诸暨市政协副主席、诸暨市自行车协会名誉会长何平光，绍兴市自行车运动协会会长王琦，诸暨自行车协会会长金屹伟等到现场欢迎陈董一行来诸暨骑行。在酒店稍加休整后，萧山车队和诸暨车友一起朝着青山绿水的东白湖出发，开始环湖骑行！

骑友“杨郎”当场作诗：“ 陈董受邀来诸暨，开元骑士十八汉。车友相聚分外亲，环骑大美东白湖。翻山越岭出身汗，骑乐无穷在途中。金秋艳阳桂花香，两地车队情谊长。”

作为我省商界大佬，能抽出一天时间来诸骑行，真是难得的机会。前不久，我们诸暨车友应邀参加开元集团在萧山的一家酒店开业，竟然没有陈董的影子，一问公司职工，他们不屑地说：“这点小事，陈董才没空来！”

看看，我们多么幸运！

虽然陈董很早就来诸暨投资，诸暨开元大酒店至今是当地负有盛名的五星级酒店，但陈董还没有骑游诸暨的山水，他对即将环东白湖骑行充满期望。

让我们先来认识一下这位国内骑行圈的重量级人物：他参加了 2008 年迎奥运北京骑行、2009 年的台湾环岛骑行和川藏高原骑行、2011 年环法骑行、2013 年从长春骑行到香港、2014 年骑行穿越新藏线。没错，他就是中国最大的民营酒店集团之一——开元旅业集团的掌门人陈妙林先生。

我们先在开元大酒店吃了点心，合影留念，很快便出发了。

骑行者是一群喜欢折腾的人。明明有平坦的公路不骑，偏偏要爬坡。车队一行往董村方向绕行，那里有不小的坡度。虽然陈董已年过六旬，但我们几个菜鸟根本不是其对手，很快被拉下队伍。

环湖中，王琦会长和陈董你追我赶，仿佛在进行一场友谊赛！11：00，车友们到达了东白湖诸暨自行车协会基地。诸杭两地车友在东白湖度假中心大草坪上合影留念。

骑行途中，陈董对诸暨青山绿水的骑行环境大加赞赏！一位骑过环法的开元骑士，留恋东白湖的风光：诸暨的骑行环境不比

陈妙林（中）与诸暨骑友畅骑诸暨山水

骑行已成为开元旅业的企业文化，开元旅业每年都举行骑行活动

国外差！有山有水，更有一批喜欢骑行的朋友。

中饭后，大家骑车沿着美丽的浬斯线返程，一路欢歌笑语，阳光正好，桂花飘香，稻穗金黄，陈董也热情地邀请诸暨车友下次来萧山湘湖骑行！

附

“超级铁人”，快乐工作，快乐生活

2017年8月3日是陈妙林的生日，他宣布自己正式退休了！

陈妙林，2005年度风云浙商，中国旅游集团20强（排名第九）的开元旅业集团创始人、董事长，浙商群体中著名的“超级铁人”。

以健康的心态向前看，用感恩的心态去生活

要珍惜生命，无论再忙，也要为自己的心灵放假，睡懒觉、看电视、听音乐、散步、购物、旅游，内心的节奏要舒缓。多锻炼身体，别生气，很多病都是从生气上得的。

最美的时光与最对人的相遇

因为不抽烟、爱运动，虽已65岁，但身高一米八的陈妙林始终保持着自己最佳的状态。

陈妙林说：“当一个人把精力完全专注在运动或度假，工作的压力就被抛到九霄云外，剩下的只有快乐。”

从2016年起，陈妙林开始挑战马拉松与铁人三项，2017年完成澳洲凯恩斯超级铁三。运动带给人的不仅是身体的康健，更带来积极向上的人生态度。

“体育运动尤其是竞技运动，会带给人无穷无尽的挑战，会激发人的拼搏精神，使人向既定的目标不断冲击。”他之所以长年不懈地坚持运动，是想给企业带来一种健康向上的力量，让企业永远充满活力。

晨骑是件很美妙的事

2017 年 8 月 21 日　星期一

看到朋友圈有人在发王家井河堤边上的美图：水牛、白鹭……引起了我的兴趣，何不来个晨骑？

其实，许多骑友喜欢的晨骑，真的很奇妙。

早起，对于起床困难户来讲，是一件艰难的事情。可骑行本身就是一种历练，就是一种修行，包括早起，也是对自我的一种鞭策和约束。

一大清早，就有骑友等候，不用多寒暄，骑车就上路。清晨骑车确实有一种震惊的感觉，忍不住高兴地哼起了 20 世纪 80 年代的流行歌曲："沿着校园熟悉的小路，清晨来到树下读书，初升的太阳照在脸上，也照着身旁这棵小树……"

在诸暨生活就是美妙幸福，出门就是美景，河道、花丛，还有空旷的田野。有骑友赞美晨骑感觉：晨阳似火烧，路上可劲遼，鸟儿叽喳笑，蝶彩飞树梢。雾锁小镇凉，花儿羞蕊藏；更有水牛、白鹭在眼前闪过……

我们这支晨骑队伍是以中年人为主，绝对没有"小鲜肉"。边骑车，突然想到单位微信群里年轻人在讨论关于"保温杯"的话题。一搜索哑然失笑，竟然是与年纪有关。

话题源自一位摄影师去给黑豹乐队拍照，看见鼓手赵明义端着保温杯喝水，不禁感慨："不可想象啊！当年铁汉一般的男人，如今端着保温杯向我走来。”网友纷纷调侃：“人到中年，喝啤酒都想放两粒枸杞。”“记住，中年危机最后的倔强，绝不拿泡着枸杞的保温杯。”

其实，中年不能以喝什么杯为标志。以我的想法，不妨以清晨骑车在郊外撒野而骄傲。

当年轻人还在床上睡时，我们中年人就骑着单车上路了，不管他喝着什么茶，拿什么杯子，只要活得自在、达观就行。人生最大的乐趣是发现美、创造美，这个乐趣是取之不尽、用之不竭的。

从 2009 年起，我开始骑车。将近十年了，熟悉我的人会发现，岁月没有在我的额头上留下丝毫印记。想骑车，任何年纪都可以，只要心态年轻。不失朝气锐气，不畏奋斗之苦，我们才不会错失这个非凡的时代。人就是倾听自己身体的声音，骑行只是自己的事，不关别人的事，你的对手只有你自己，你只是为了你自己而骑行。

骑在洪浦江的防洪堤坝，道路很平坦，没有行人和车辆，这真是极好的健身道。作为水利防洪用的堤坎，想不到如今又成为幸福生活的象征，成为人们休闲锻炼的好去处。

这里，蓝天白云是天空的常态，阳光穿过透明的空气倾斜下来，树叶仿佛被擦拭过，熠熠闪光。澄澈清亮的溪水，漫山遍野的茶园，桂花树浓郁的香味，夜晚窗外的蛙声，黎明时分的鸟啼，都让我们这群久住城市的骑行者，有一种超出期待、何其奢侈的感觉。由于这里水量丰沛，云雾缭绕的景色随时可见，行走山水间，恍惚置身于一幅立体的水墨长卷中。

两岸都是村庄，我想，这里的村民一定很幸福，村子里巷弄纵横交织，幽深曲折。错落的老宅之间，分布着宗祠、庙宇、米碓、水井、水槽、神龛、晒谷坛……一些在别处早已经消亡的农业时代的典型建筑和器具，这里却完好地保留着，仿佛一位历经沧桑的耄耋老者，以从容安详的姿态，淡然地面对外界的纷乱扰攘、兴衰更替。

随着新农村建设步伐加快，村庄景色也更加美丽，乍一看还以为进入了景区。王家井镇桥头村、霞中村，村级公园景色迷人，好一派江南水乡风光。

骑行的好处就是随时可以停下来欣赏风景。我最大的乐趣就是走进村落，看看村民的原生态生活。重要的是这里保存了乡间生活的原味。房屋的梁架门窗廊道，都依照原来的格局走向进行改建；木器未经油漆，袒露着天然的色泽和纹路。在各层的房间里，从不同方位的每一个窗口望出去，都是一帧画面：一堵斑驳的老墙，一个逼仄的天井，一池静谧的绿水，一株葳蕤的芭蕉，一片亮蓝的天空，一抹绵延的青黛色峰峦……在这里，需要放慢脚步，放松呼吸，让目光缓缓摩挲视野中的一切，一如时光亘古以来在此处缓缓流淌。微风拂面，溪水潺潺，有一种沁入骨髓般的深长惬意。

同样是享受的事，骑行有时却是种痛苦的运动。咬咬牙，挺过去，将坚持不懈的精神保留始终，胜利就在眼前。一次偶然的晨骑，就能让人感到十分的幸福，能晨骑，就幸福。同行的骑友脸上同样放着光。无论是为了健身、减肥、减压，还是为了找寻自我，抑或其他。无论何时，请记住，都不要忘了骑行的初心。

笔者骑行乡村公园

赏梅斯舜梅园

一生中至少要有两次冲动，一次为奋不顾身的爱情，一次为说走就走的旅行……

2017年2月11日　星期六　晴

周六天气好，决定去东白湖斯舜梅园赏梅。听说近日位于东白湖镇斯宅村斯舜梅园里的红梅、白梅竞相怒放，五彩缤纷，婀娜多姿，十分壮观。斯舜梅园始建于1983年，经梅园主人斯舜厚多年的悉心经营，培育出了红梅、白梅、绿梅、垂枝梅、美人梅、骨里红等许多梅花品种。

有朋友说，梅园庄主今天可能不在家，市里书法协会有活动。我说，我们不用他招待，就和车友前去。到了梅园后，才发现斯老师早作准备，为客人留下茶水果品，真感动，古代贤人雅士待客也不过如此。谢谢斯庄主。

这个季节的东白湖镇真是个赏梅的好地方。斯宅的斯舜梅园幽深雅静，堪比世外桃源。梅园始建时，任斯宅小学老师的斯舜厚在自留山上先后种下了500棵青梅、80棵杨梅、10棵腊梅。1993年，梅园主人又投入10多万元在梅山上建造了三间小楼房，屋前屋后梅树掩映，故取名“青梅草堂”，因青梅、杨梅、腊梅三梅齐集，又称为“三梅堂”。一到梅花盛开的时候，各种颜色的梅花婀娜多姿，十分壮观，真是人间仙境。有朋友说，一朵梅花，在爱梅人心中，不仅是自然之物，更是文化善存，是一己生命况味与漫漫时空流变中，那不曾流逝的美！

十年前我曾到过这里，印象中的梅园规模不大，百多株梅树错落有致。没想到，十年后梅园真正成为了梅花公园！抬眼望去，远山青黛，烟树秀立，风吹过，似有雾岚弥散；凝神听，还有细细的风声。

赏梅中，意外地遇见人民医院原院长鲁伟军，多年未见，很是亲切。一直以为，以鲁院长的能力，退休后一定在哪里发挥余热，挣大钱。谁知鲁院长一番话，深深地引起我的共鸣。

“晓铭呀，人有几年好活？活一辈子不容易，一定要好好享受生活吧！”

是的，这不是心灵鸡汤，这是发乎内心的感叹。人生只有三天，迷惑的人活在昨天，奢望的人活在明天，只有清澈的人活在今天。昨天已经过去，是过了期的支票，明天还没有来到，是不可提取的支票，只有活在今天是最现实的。为美好而生，为幸福而做。需求越小，自由越多；奢华越少，舒适越多。现在生活好条件好了，完全可以自主地安排好生活，善待自己，这样便会内心富饶。人生一世，别人追屋逐堡，你只要风花雪月，花棚石凳，小坐微醺，歌一曲，茗一杯，自得其乐。住宅舒适方便就行了，何必非要楼上楼下。一首歌，一杯茶，养养花，养养鱼，享受自然之美不是很好吗？因为生活简单，多了聆听松涛、静观风雨、仰望星空、敞开心扉的机会，灵性俱足。千万不要错过欣赏大自然、享受大自然的机会，一辈子不容易，一定要好好享受生活。

没想到，庄主从城里赶回来了，我见到了尊敬的斯舜厚先生。老朋友相见，一切都在无言中。

赏梅吧！我是个粗人，不懂赏梅。只是看个热闹，看到一片粉红色、一片乳白色的花蕊，心旷神怡。梅，在中国文人雅士的观赏花木中具有极高的地位。它与兰、竹、菊并称“花中四君子”，与松、竹并举为“岁寒三友”。梅花在寒冬依然不屈地绽放，象征我们民族不屈不挠、顽强奋斗、不畏艰难的可贵品质。

众所周知，唐人最爱牡丹，北宋人也爱牡丹。但从北宋开始，有一种低调的花朵，不声不响地渐渐占满了文人心中的山坡，这就是梅花。南宋的诗词中，到处都是梅花的芬芳和气骨。若要选择一种最能体现宋人文化精神和审美品格的草木，可能非梅花莫属。南京师范大学教授程杰做过统计，宋人特别喜欢拿“梅”来作为字号，如梅亭、梅峰、梅津、梅溪、梅屋、梅谷、梅崖、梅村等，可见宋人对梅花的青睐。

古代文人雅士赏梅花独有偏爱，留下了许多诗词。但我偏执地认为都不如我的老乡斯舜厚先生，至少他爱梅，还用其毕生的精力和财力，打造了一座私人梅园，这能称之为王阳明先生所说的“知行合一”吧！

一行人走进梅主人的院落闻香品茗。不大的院落，门前有矮松，有丛竹，还有一树盛开的白梅，院门外，一片红梅映蓝天。斯先生还将青梅果制成青梅酒。青梅酒口感纯正醇厚，带有酸甜之感，碰触味蕾激发幽香。在江南还保留着手工酿造青梅酒的习俗，精耕细作的人们延续着青梅带来的味蕾挑战，辛苦劳作一天的人们终于可以喝一口青梅酒，解除一身的疲惫。这也算把梅文化做到了精致。

在中国共产党第十九届中央委员会第一次全体会议上，习近平同志在同中外记者见面时说：“百闻不如一见。我们欢迎各位记者朋友在中国多走走、多看看，继续关注中共十九大之后中国的发展变化，更加全面地了解和报道中国。我们不需要更多的溢美之词，我们一贯欢迎客观的介绍和有益的建议，正所谓‘不要人夸颜色好，只留清气满乾坤’。”

我不知道习总书记有没有到过斯宅的梅园，但他在浙江工作

斯舜厚（左二）与骑友合影

了五年，熟知江南的梅文化，脱口而出的古语正是诸暨人所作的。这让百万诸暨人倍感亲切和骄傲！

“不要人夸颜色好，只留清气满乾坤”出自元代诗人王冕的题画诗，题目是《墨梅》。画上原诗云：“吾家洗砚池头树，朵朵花开淡墨痕。不要人夸好颜色，只流清气满乾坤。”梅花是最具有中华文化特色的花朵之一。习近平总书记数次提及“梅花香自苦寒来”等咏梅的诗句，此次引用王冕的《墨梅》，引发国人的强烈共鸣，其原因可总结为三点：第一，这句诗浓缩了中华“梅文化”的精华，展现了新时代国人应有的底气和骨气。第二，这句诗巧妙地利用“淡墨”“无色”的画面特点，传递出一种人格的卓立与浩大。第三，这句诗通过外界形形色色的夸耀，反衬出面对成就时难得的理性、冷静和对初心的坚持。只有如此美好而坚韧的事物，才足以“满乾坤”。于是，后代的人们从这样的境界中获得了无尽的温暖与激励。

我想，在若干年后，斯宅的梅园必将成为新的旅游热点。

放飞南方五金城

——捷安特店口丽波单车骑行散记

店口丽波单车　周建波

这一年我们的足迹遍布江、浙、沪、皖
在各种大大小小的环赛里挥洒汗水
也让自己不断地成熟和成长

——题　记

2014 年 9 月，由 4 名单车爱好者发起，捷安特店口丽波单车成立。

这 3 年的骑行活动见证着俱乐部的成长和发展历程。

城市中、乡野里、山水间，到处都留下了我们的身影。我们把骑单车这种既健身又环保的运动方式，像种子一样播撒出去。让周边更多的人来加入我们车队，营造一个充满生机和活力，并富有激情的单车俱乐部。在老骑友带领下，在众骑友呵护下，捷安特店口丽波单车茁壮成长。在骑行过程中，我们像一家人，互敬互爱，相互帮助，团队精神在这里尽现。感谢每位骑友为俱乐部的成长所付出的努力。

蓦然回首，一望无尽的路程，满是我们留下的欢声笑语，那数不尽的脚印，化作一串串风铃，摇曳、轻咛、低声地细诉着你我的故事……

在骑行的路上，幸运的我遇见了你，幸运的我们相识、相知于丽波单车，在花枯叶落、雪花飞舞的时节，丽波因你而温暖。

环绍：邂逅江南美丽风景

2016年的环绍已经落下帷幕。大赛总的来说，取得了圆满的成功。无论是参赛人数、骑行距离和难度系数都超越了以往几届，正应了那句："山高路远，方显英雄本色。"

"深秋的这样一个黎明，无限清醒在心底，远行的我，看着天空慢慢亮起来。"每年的环绍，耳畔总会响起这首歌。从黑夜到天明，从细雨到天阴，我们驰骋在路上，不为名次，只为心中的骑行之梦，激情出发……

本次挑战赛，青草带领的上海朋友和楼诚大伯带领的楼塔兄弟的加入，也使得车队更加强大。

一出发，由于天黑还夹杂着细雨，集团速度也并不是很快。到第一打卡点，第一集团还有百来号人，其实真正的挑战才刚刚开始。翻越会稽山脉，海拔攀升高达500米，这也是环绍最经典的路线。

骑在山岗高坡上，看秋风落叶瑟瑟发抖，那些曾经给我们带来收获的树木，在风雨的摧残下，只留下孤独的树枝。唯有那千年香榧树，依旧枝繁叶茂，郁郁葱葱。云雾在山峦间起伏，群山时隐时现，我们置身在其中，宛如在梦幻般的仙境中骑行……

队友"洁癖"依旧豪气冲天，第一个到达坡顶，延续着去年的神话，蝉联两届"坡王"称号。我、苗东按照各自的节奏，也先后登顶。唯独那骑无赦的大牛，口喘粗气，上蹿下跳，到坡顶已是身心疲惫。自己把自己给拉爆了！

最艰难的一段终于完成，等不到后面的队友，我们便开始下坡。路上偶尔追上前面掉队的车友，也会非常友好地打声招呼，加油，一起走！那种友好会让你感觉特别愉悦，这种心情也只有骑车的人才能懂得。

在骑行至104国道线上时，体能也开始下降。遇上逆风更是一件头痛的事。刚上一个缓坡，想着下坡可以轻松一下，无情的逆风像是刹把，一吹一刹车，让人崩溃到极点。

今年的环绍风景最美的，当属于西桐线，有着绍兴后花园之称。空气清新，竹林、茶园、小道，Oh my god！！！200多千米无暇顾及的风景，在这里让我大饱眼福。还有那田间小路，两边的十里稻浪。成熟的晚稻，颗粒饱满，沉甸甸地在风中摇曳，翻腾着像是金色的海洋，场面相当壮观。

典型的江南鱼米之乡，美哉！美哉！

一路上附有机械故障，有摔车、有爆胎、有抽筋、有疲劳。全程的队友以一种骑游的心态完成了挑战，邂逅了更多的风景。路程一样，感受不同，我们收获了骑行路上的好时光，写下了更多关于青春的故事……

接下来说说半程的那些事情。环绍半程看似9小时关门，其实并不轻松。

出发大概30多千米处，有个急弯，1247号的海宁车友摔车，导致下巴摔出一个口子，陈老师见他血流不止，就停下来拿出自带的碘伏给他消毒。此时也有队友上来停了一会，陈老师没让他们停留太久，说自己随后跟上来。

意外总在一瞬间，没想到自己的队友也在附近摔车了，委员长见势不妙急忙停车救援，随后陈老师处理完海宁车友后也过来了，并拨打了救援车和120的电话。在等待救援车的40多分钟时间里，2人轮流当起了临时指挥员，时刻提醒着车友注意安全。此路段如果没有他们的提醒，摔车的估计还会更多。

在这里为队友点赞，也祝愿所有受伤的车友早日康复！

为护送队友急救，陈老师和委员长选择了退赛，这对他们来说真的是一个很遗憾的决定。单车被收容车以一种最没有人情味的方式带回了终点，让陈老师感觉非常地难受，爱车被刮花，心痛不已。对于骑车人，爱单车等于爱自己，这点是大家公认的。

今年半程车队里的3位女将，本着重在参与和挑战自我的态度，骑着山地车，翻山越岭150多千米，靠着坚持和毅力不断前行。因为动，而感动！比起那些作弊搭车的要值得敬佩很多。说实在的，环绍是一个挑战自己的活动又不是什么竞技比赛，作弊了又有什么意义？

民间赛事，能达到这样的规模实属不易。不断累积的社会热度，见证着自行车运动的蓬勃发展。草根一族，更渴望能够得到政府的支持，仅靠当地各俱乐部和救援队的资源毕竟有限。

说到这里，一定要感谢辛苦付出的志愿者、救援队和义工，是你们保障了这届环绍的顺利进行！组委会面对问题用心去对待，去处理，去解决，相信环绍的明天一定会更好！

环诸：只要你前行，我们就不会将你放弃

环诸赛是诸暨自行车协会首次主办的大型骑行活动。前几次诸暨自行车协会都是协办方，这次是尝试环绍模式。因为是家门口的赛事，报名的队友也非常多，丽波车队分了4个组。我、委员长、小孙、杰帅组成了一个团队！

环诸组委会设置了团队奖，各车队之间竞争还是很激烈。其中就有我们非常熟悉的湖州铁杆单车和石浦永鑫两支强队。我们丽波单车和阳光车队也是本土比较有实力去夺取团队奖的车队。

从国际商贸城出发到石壁水库这一段速度很快，已经有队友赶不了这种快节奏，而开始慢慢落下。再是南庄岭和白路口的两个爬坡。由于在山顶等队友，我们的领先优势已荡然无存，眼看

着其他车队的车友从身边呼啸而过。想想这团队奖肯定是与我们擦肩而过了。既然是团队，我们必须在一起，只要你前行，我们就不会将你放弃，哪怕是爆胎，我们也如影随形……就凭着这样的信念，我们最终不离不弃地一起冲过终点线。

环太湖：你行不行？不试试怎么知道！

第一次去环太湖，天气还是很给力的（同日马剑越野赛在大雨中进行）。一出发没多久便来到了神圣的 318 国道！骑车人对这条道是向往的。

“太湖美，美就美在太湖水。” 到太湖边就想起了这首歌。其实我们去的时候，太湖边水质不咋的，偶尔还飘来阵阵恶臭。骑行在湖边，那肆虐的妖风吹得你不要不要的！顶风骑行确实很痛苦。沿途风景很美，但都在赶路，无心欣赏，只是匆匆而过！

有了前几次的磨练，小孙也强大了许多，状态很是不错。当夜幕降临，得知委员长在吴江等我们，此时到吴江也就 10 多千米，我俩便卯足了劲往那边赶。

丽波车队在行进中

一到吴江！委员长和上海的朋友青草，就忙前忙后地为我们加水送吃的。在这样的长途骑行中，能吃上一碗热气腾腾的牛肉粉丝感觉是多么的奢侈啊！

补给完，稍事休息。这里离终点还有 80 千米，委员长骑着单车，陪我们骑到终点。最后我们以 14 小时 06 分完成了 400 千米的挑战！

这次环太湖，对于我来说又是个新的高度，24 小时挑战 500 千米。车队里还有小孙、洁癖、林哥、群主挑战 300 千米。这次环太湖得到了最佳后勤拍档委员长和米波的大力支持。

出发时的场面是相当的壮观，来自五湖四海的 2000 名车友，在摩托车开道下，很是拉风！队伍浩浩荡荡，成为当时一道亮丽的风景。当被带出 10 千米后，大家伙儿像是打了鸡血一样，很是兴奋，速度一度都在 40 码以上。我凭自己的感觉，一个人自由自在，能往前就尽量往前靠。

当我和海涛、华哥碰面时（2 位是本镇阳光单车的队友），已经骑了大概有 100 千米了。第一集团也就 30 多个人。西山、东山的绕啊绕，华哥可能由于补给没跟上先落下了，集团人数也在渐渐分化。这时海涛和我紧紧跟在一起。当绕到第二圈时，码表千米数已经到 200 多了。海涛因为肚子饿而靠边停车，我呢还跟着他们的节奏，继续前行着。看着人家车队一对三的后勤保障，真是羡慕嫉妒恨啊！

骑行至湖州段时，本来的 3 人第一集团，后来被抄近路的 10 来个车友吞并成一个大集团。大家都说好的一起走，一起休息，直到最后一个打卡点。骑行之中最讨厌什么？有人会说讨厌这漫天的灰尘；有人会说讨厌汽车的尾气；有人会说讨厌路上的泥水；如果在当时让我回答，我会更讨厌那种不告而别的举动。当我们还在补给的时候，他们却一声不吭地跑了。

后来由我、藏溢俊、黄荣杰组成了追击集团，以 TT 的配合方式，高速地前行着。在大概追了 4 千米，终于追上了。但我们依然没有放慢速度，向着终点行进着……感觉一天中最佳状态出现在最后几十千米，或许是被对手的潜逃激发了自己的潜能，或许是补给站的食物给了我力量，或许是对终点的渴望让我忘记了疲劳。

你行不行？不试试怎么知道！你怕不怕？挑战一下就知道！怀着这样的心情，我走上了 ROCN600 千米的挑战舞台。路线是上海至南京往返！这次报名参赛的也没有像前两个挑战赛那么多了，才不到 100 人！

27 号早上 5 点，天蒙蒙亮还下着小雨我们就出发了。刚开始为了跟上第一波人，大家的速度都调得很快。由于下着雨，路面很湿，雨水溅到每个人的身上，那种骑行在路上的身影，是很难用词语来形容的，也注定了这一天的不寻常。

又是 318，又是湖州，又是太湖边，这已经是我今年第三次经过这里了。湖边风雨交加，使我视线模糊，雨点打得脸生疼。此时衣服裤子已经全部湿透，其实一旦淋透也就无所顾忌了，只是妖风吹得人瑟瑟发抖。反正冒雨骑行也不能太快，毕竟安全第一……

路漫漫其修远兮！来来来一起走，一起走，一路上聚聚散散不少骑友。我和一位大哥两个人始终在一起。到半程南京溧水的时候，已经是下午 5 点左右。赶紧上小吃店吃了点东西，放松一下。看着自己的狼狈样和一身泥水，都想笑了，这也是雨骑带来的不一样的心情。

回程的时候，感觉雨越下越大了，水深的地方足以没过牙盘。看到那些在雨中挣扎骑行的骑友们，他们好多都还穿着短套骑行服。在别人眼里这都是一群疯子，这种比赛也没有任何物质奖励，只是一种自我挑战、自我证实罢了。其实一个人如果不是这样如痴如醉地爱单车，怎么可能在这样的逆境中坚持着去完成比赛。

雨大的时候我们就躲屋檐下、加油站。天也开始渐渐暗了下来。大哥对路线还是比较熟悉的，也省得我老是去看路数，一路跟着骑便是。夜骑时最怕犯困，尤其是疲劳感上来的时候，特别容易犯困。有时甚至是骑着骑着就眯上了眼睛，被路上的颠簸一下子吓醒。感觉这样不安全，我们就会上加油站休息一下，或擦点风油精，暂时消除疲劳。

到湖州打卡点已经是半夜 2 点多，一个熟悉的身影出现在那里。没错，就是湖州铁杆单车的雄哥！这个点还没睡一直守候在打卡点，为我准备了热气腾腾的姜汤、包子、红牛、榨菜等好多好多的补给！当时内心被这种友情深深地感动着，这样的冷雨夜被姜汤温暖着，饥饿的肚子被包子填充着，也是这样的感动让我更有动力继续向前。加油！还有 150 多千米。

骑吧，再坚持一下，马上就到了。这是我们路上相互鼓励时说得最多的话语。漫漫长路，还好有这位大哥陪同。到达终点时，再一次被上海“骑不动”的朋友感动。又是吃又是喝的，还开了房间，让我可以洗澡休息……

29 小时 14 分钟的雨骑，一路上除了艰辛更多的是感动和感谢！从未有过的经历和感受，这将是我人生路上收获的又一重大财富。

时光，流逝着；岁月，沉淀着。一转身便是一个春秋！

寂寞骑行

孙渭东

一个人，一辆普通的公路赛车，一身简便的骑行服，一条向前延伸的公路，一个随意选定的目标，不紧不慢地朝前骑行，这一骑，我骑行了20年，这其实是一个心旅过程。

1987年的夏天，在杭州的西湖边偶然看到一群在训练的运动员骑着公路赛车在我身边风驰而过，那年我刚满18岁。当年在我的眼里那是一道绚丽的色彩，带着某种情绪一头撞进了我的心坎。从此每当我跨上我的那辆“飞花”牌自行车时，姿势就开始变了，幻想着自己一身装备潇洒地在西湖边飞奔。

参加工作后这种情绪一直在发酵，那时一百多元的工资根本无法攒下一辆公路赛车的钱。于是在一个夏天的傍晚，我拎着两瓶钱江啤酒和一包剑牌香烟找到了钣金车间的刘师傅。把我自行车的把手改装了一下，拆掉了前后挡泥板，凭着我自己的美术功底在三角钢上画上了漂亮的图案，并用黑色的电工绝缘胶布将把手绕上。出去写生时背个画夹，骑在街上文艺范特浓，那年我在诸暨的城关迅速成为了类似于现在的“网红”。

第一辆真正的公路车是1999年，在我女儿出生的那年，花了1300元买了辆捷安特。这么晚才买是因为我1997年时买了辆汽车，汽车油门的感觉替代了我的某种情绪，而骑行纯粹就是为了健身和找回些许当年的感觉。

公路车的感觉非常好，我基本都在上午骑行而且都是一个人，那时也找不到有共同爱好的同伴。后来到了上海开公司，倒是经常能碰到早上骑车的老外。在上海骑车，因为早上的马路很宽，我是骑得肆无忌惮的，上海的长宁、普陀、静安三个区边边角角的弄堂我都熟，这得益于我那几年的骑行。

由于经常独行时间长了，关注的已不再是沿途的风景，反而是自己的内心，有关工作的很多创意和策划往往就在骑行的过程中灵感显现，得益匪浅，所以我已爱上独行。

这一过程，心，注定是寂寞的。

寂寞在于独自骑行。

漫漫长路，独自骑行，不寂寞是不可能的。

寂寞在于你不需要说任何话，寂寞在于你会有意无意地荡涤脑际的杂念，寂寞相伴的整个骑行过程不需要说话，也无需跟人说话，说话成了一种累赘。人不可能没有杂念，只是随着车轮无休止地朝前滚动，原先繁杂的思维竟然会变得那么简练、干净、专注，类似于禅的境界。

独自骑行虽然不用和任何人说话，但是因为有杂念，有时也会自言自语。杂念其实也是累人的，往往自寻烦恼就在于杂念闹心，有时越不去想它，它却越会反反复复地纠缠你。后来我专注于我的一呼一吸之间，杂念反而干净了，所谓以一念代万念，这也是禅的境界。

不用说废话，控制杂念闹心，这种骑行寂寞，其实是一种享受。

寂寞并非孤独，孤独往往是一种无奈的被动的处境，而寂寞有时候是一种生活的姿态，茫茫人海中，芸芸众生，一个人身在其中，有时往往是孤独的。有些人身处繁华闹市灯红酒绿的环境里，心却极度地孤独和空虚，而有些人像丹尼尔迪福笔下的鲁滨逊，身处荒岛多年，寂寞但并不孤独，心，每天是充实的，陷于孤独是痛苦的，享受寂寞是幸福的。孤独中不能自拔，是人生最大的悲剧，寂寞中独自享受，却是人生的一种境界。

耐得住寂寞，不是一句空洞的话。需要真正地静下心来，摒弃所有的杂念，寂寞着，又不孤独。真正把心静下来是非常难的，还需要一种氛围，选择氛围的方式很多，独自骑行却是我所喜欢的。

寂寞的人其实是非常敏感的，独自骑行的人也是敏感的。敏感于四周空气、声音、气温、阳光、风雨、草、路标、水、树、庄稼的细微变化。

寂寞骑行，对人远了，对自然却近了。亲近自然，你会觉得其实大自然对每个人都是坦荡、慷慨和公平的，大自然不会对走近他的人有所厚薄。人在自然中，有享受也有磨难。人与自然的平衡，是享受；人与自然的不平衡，是磨难，为的是寻求新的平衡，对人来说，是一种挑战。

我喜欢独自骑行，近两年我更喜欢喝上两口同山烧后骑行。在清晨，酒的火烈加上空气的清纯使我身上的每个细胞都充满着能量，这是一种正能量，滋养着我生命的每一分钟。在诸暨独自骑行，最佳的骑行路线首推快速道诸安线，骑行道路是为骑行人铺设的塑胶专用自行车道，两旁的绿化丛已渐渐茂盛。如果再从安华转入同山那更是妙不可言，除了水库周边的旖旎风光，空气中更弥漫着同山烧的酒香，让你不用喝酒就感受到酒香带给细胞的活力。

我喜欢独自骑行，其实我是喜欢独自骑行时的那种感觉。选择独自骑行，选择在走近自然的同时，享受寂寞。

美丽乡村

左别墅
右良田
乡姑的那个萌
一眼就把你萌翻
一切都在变
山还是那座山
变成了金山和银山
江还是那条江
变成了小康的交响
一草一木都在变
我与乡村交谈时
总感到语言的苍白

两湖三岭骑行记

2014年5月31日　星期六　雨

浙江诸暨市自行车协会与浙江天成房产公司联合举办百名车友环两湖跨三岭活动，车友冒雨骑单车，全程108千米。

环两湖跨三岭即环东白湖、石壁湖，跨南庄岭、白露门岭、东泉岭，这是诸暨最负盛名的骑行路线。盘山公路，弯道连绵不断，自然风景极其优美，移步换景。山岭的险峻、湖泊的秀美、生态环境的优美给骑手们带来全新的感受。

从一马平川的诸暨城区出发，人头拥挤、喧嚣场景不断退去，路途也愈显陡峭，自行车骑手一直沿着那些清澈的溪流前行，抬头不时可见白云深处的人家。路上行人稀少，愈发显出此处的清幽。

天公不作美。到东白湖时竟然下起了雨，大部队第一方队行驶如箭，更有落下的队伍。其实，雨中骑行别有情趣，空气特别清新，行人稀少，当然危险性也会更大。

凡有山有水的地方一定风景优美。这蔚蓝的湖泊，好似滴落在大地上的一片蓝天，那样静谧、那样深邃地仰卧在群山之间，围拢在一片美丽和梦幻之中。我想，位于诸暨东南部的两大水库，本来是风马牛不相及的两块水系，骑行者将它们连在了一起。

一座水库改变了岭北的走向。现在，因保护石壁水库上游源头活水带来的生态与环境，岭北正在憧憬它的新未来。石壁水库在岭北镇的下游，是诸暨未来饮用水的备用水库。

岭北位于诸暨市的最南端，东南接东阳市，西毗义乌市，北邻陈宅镇。岭北因地处东阳市西岘山大岭之北而称“岘北”，后称“岭北”，是诸暨市城区饮用水备用水源石壁水库的水源涵养地。岭北自然生态环境优越，山清水秀，森林覆盖率达 82.3%，是绍兴市生态镇、浙江省生态镇、国家级生态镇、绍兴市级清水工程示范镇。

经过美丽的石壁湖水库，岭北镇满眼绿色，而那些随处可见的小店铺里，便有岭北的美食。汉唐至今，岭北农民代代研制完善出的各色小吃逐渐家喻户晓。50 平方千米左右的山林，白云缭绕的天地之美，清新怡人的空气，这种天然氧吧式的纯美环境，成为岭北最好的布景。

进入东白湖，犹如在茶园骑行游，一座风景优美的万亩骑行茶园，红色骑行路与绿茶茶园相融，镜头很美！初夏的山坡上，层层叠叠的茶园，茶树修剪得整整齐齐，高低一致，目之所及，满眼翠绿，仍有着春天般的气息。停车，沿着山势而上的观光木栈道而上。站在观景台上，海拔 400 多米的茶园上空，是一望无际的湛蓝，还有时而飘过的片片鱼鳞片或水波状的云朵群，与一垄垄绿色茶园及村中一幢幢青砖白墙黛瓦的浙东民居相映衬，好一派静谧的茶乡风情。在这里，你可以骑着单车唱着歌，闻着茶香观美景。上坡、下坡、大转弯……车轮随着道路高低起伏，给你带来另一种刺激体验。偶尔，你还能看到路边前来写生的画家，将眼前这抹动人的古镇风光用画笔记录下来。

两湖三岭真是骑行爱好者的天堂。有强度、有风景，沿途空气清新，风景迤逦。若是累了，你不妨停下来，探访沿途古老的村落。这些小小的村落，远离闹市，可以让厌倦了城市喧嚣的你体验另一派乡间的悠然惬意。

北京飞航车队诸暨行

李禄祥

2015年4月3日

一支远道而来的车队来到诸暨，它就是享誉北京城的飞航车队。

飞航车队成立于2002年，其主要队员来自中国航天科工集团公司三十五研究所，在北京骑行圈中是一支响当当的队伍，是北京自行车协会会员。单位领导、专家、骨干、普通员工中的很多人都是它的拥趸和成员，他们将航天人骨子里不畏艰难、勇于挑战的基因植入了车队，形成了团结、奋进、挑战、超越的精神品质，又将这种精神带入了科研生产工作中，促进科研事业发展。

十几年来，飞航车队踏着单车南征北战、东征西伐，从天涯海角到北极村、从青藏高原到东海之滨、从蒙古高原到云贵高原、从京华大地到江南水乡，华夏大地到处留下了红色闪电的骑影。他们南环海南岛、台湾岛，北伐漠河北极村；领略川藏线的惊世风光，感受新藏线的绝世苍凉，欣赏璀璨青海湖的美丽，体验京杭大运河曾经的辉煌；享受了蒙古高原的浑厚辽阔，追忆了云南茶马古道的过往，征服了京华大地的所有经典骑行线路，骑过了婺源的小桥流水，吸吮了婺源的油菜花香。

诸暨更是令车队难忘的地方。这里人杰地灵，人才辈出。古有雄才大略的允常、勾践，绝代佳人西施、郑旦，佛教曹洞宗鼻祖良价，梅竹宗师王冕，文坛奇才杨维桢，画苑巨擘陈洪绶；今有赵忠尧、金善宝、斯行健等一批科技英才。

2015 年，在细雨纷纷的清明时节，飞航车队的代表前往诸暨与骑友交流，诸暨自行车协会会长、秘书长和众骑友陪我们踏着单车游览东白湖、征战茶场路、拜访千柱屋、欣赏五泄湖、游历西施故里……

到达诸暨的当晚，诸暨自行车协会金屹玮会长、郭浩洋秘书长等热情地接待了飞航车队，队员品尝了绍兴黄酒和美食。第二天一早，飞航车队的队员早早起床，期待诸暨的骑行，诸暨自行车协会组织一批车友陪同骑行，目的地为斯宅千柱屋。

在东白湖镇，金黄色的油菜花吸引了来自北方的行者，大家纷纷下车拍照留念。在千柱屋，大家参观了江南古宅，被这古建筑深深吸引，感叹中国古建筑的完美。从如此宏大的建筑中，可以想象当年斯家的兴盛，这才是真正的豪宅。

在东白湖镇，飞行车队拜访了诸暨自行车协会东白湖基地，详细听取了金屹玮会长对诸暨自行车协会的介绍，飞航车队与诸暨自行车协会交换了队旗并合影留念。

交换队旗

下午到达了下榻的璜山镇申发菲达酒店。傍晚，前往诸暨陈宅镇队友的老家，品尝乡土美食，大盘的鸡，大碗的肉，大杯的酒，让队员直呼过瘾，大家体会到了诸暨人豪爽的性格，怀疑自己这是来到了北方而不是江南。

晚上，酒足饭饱后，在宁静的乡村，队员很快地进入梦乡。

第三天一早，郭浩洋秘书长带领4名诸暨骑友来到酒店，和飞航车队一起骑行陈宅镇（兰香剑茗有机茶基地）。出发前秘书长提醒大家这段路的路况不好，比较难骑，在到达石壁湖时大家没有觉得有多少难度。当拐上去绿化林场的山路时，大家真正感受到了陡坡，大部分队员骑了上去，少数队员只能推上去。

在山上，兰香剑茗老总热情地接待了队员，给队员品尝了高山明前茶。

中午，去岭北品尝了盐焗鸡和玉米饼。午饭后，队员来了一圈环石壁湖骑行。

接下来的一天半，队员游览了西施故里、五泄风景区、兰亭、鲁迅故里等。

一次诸暨骑行，不但体验了诸暨的骑行环境，结交了骑友，欣赏了诸暨的自然风光，同时体验了诸暨的历史文化、饮食文化、民风、民俗，鱼与熊掌兼得，这就是骑行的魅力。

“好美诸暨！”我们期待着组织下次骑行诸暨活动……

附

爱骑行　更爱诸暨

陈　铭

我是飞航车队的一名队员，2010年就入会了，但总觉得骑行是一项很枯燥的运动，迟迟没有参加车队的活动。2013年在队长的鼓励下，参加了一次骑行活动。首次骑行的感觉并不好，由于掌握不好坡度和变速的关系，一般的坡上不去，得下来推。看着别的队友一个个从身边超过，好羡慕。最难受的是第二天腰酸背痛，最痛苦的是屁股疼得不能坐下。然而经过一次次的骑行锻炼和学习，这些问题都没有了。

2015年清明，飞航车队在我的组织下，来到了我的老家诸暨骑行。从此我爱上了在诸暨骑行。

我的老家在诸暨市陈宅镇东升（茅林）村，从那次骑行后，我特意买了一辆自行车放在老家，每当春节、清明、十一回老家时都要去骑行。经典的线路：一是从诸东线26千米处出发，骑行到怀鲁枢纽返回；二是从诸东线26千米处出发,到达东阳怀鲁、东阳城区、岭北镇返回；三是骑行东白湖环湖。骑行期间，挑战过船山村、横岭村等线路，苦中有乐。每次在诸暨骑行，都会有感慨，一是风景好、二是空气好、三是路况好。

离开诸暨已经37年了，诸暨已经发生了翻天覆地的变化，人民生活水平得到了极大的提高。在富足的生活条件下，人们越来越重视锻炼，越来越多的人走向户外。政府也为群众创造了越来越好的环境。诸暨的明天会更美好。

两地车友会师于美丽的东白湖景区

骑游红色庄余霞

2016年6月30日　星期四

明天就是党的生日。我们骑行队一行决定骑车去草塔庄余霞，那里是我神往已久的革命老区，当地媒体称之为红色庄余霞。这不是一般的村子能得到的殊荣！

2015年8月13日和8月19日，《诸暨日报》特稿版连续刊出了北京师范大学历史学院院长杨共乐教授撰写的“红色庄余霞”系列文章:《抗日烽火中庄余霞》《解放洪流中庄余霞》《庄余霞英雄群像》《庄余霞人在朝鲜战场》和《庄余霞走出的军长和他的长子》。文章刊出后，不仅引发读者的热烈反响，而且受到众多媒体的关注。据不完全统计，已经有400余家媒体转载“红色庄余霞”系列文章，其中不乏具有权威性和代表性的大型网络媒体，如人民网、光明网、中国青年网、环球网、中华网等。通过谷歌搜索显示关于“红色庄余霞”的信息超过8.5万条。小小村庄一举成名！

庄余霞，现在是草塔镇下属的一个自然村，归属上余社区。中华人民共和国成立初期时属于小西区南山乡，人民公社时称南山公社南霞大队。从城区到草塔庄余霞至少有四五条路可行，交通极为便利。我们从市南路出发，在大唐镇拐进小路，从田野穿过，一条从青山水库奔腾而来的青山独溪，与通往草塔青山的水泥马路并驾齐驱。路两旁茂密的树木让人心旷神怡，左边是小溪潺潺，从草塔镇往西走到有一棵大樟树的路边，赫然挂着“庄余霞村”的铭牌，从字面意思可以让人联想这个村庄有富余的彩霞，说她彩霞满天也可以，想象可以无限丰富和美丽。

据文友陈冬梅介绍，庄余霞原来的名字叫“樟树下村”，现在这个美丽的名字只是原村名诸暨方言的谐音而已。感觉“樟树下”这个名字有诗意，蓊蓊郁郁的几棵大樟树，始终庇荫着这个村子的百姓，见证着村庄的世纪沧桑。而如今的庄余霞村名有革命的意义。两者各有千秋，在不同时代各有特色。

陈冬梅在文章中写道，村子背靠凰尾尖山，村前村后两条溪渠流水淙淙，一条叫“龙前堰”的溪流穿村而过。映山红等野花常年都把凰尾尖打扮得清新多姿，春天的油菜花黄、草籽花紫、桃花红、李花白，遍野都是色彩斑斓；秋天的桂花黄、柿子红，轮番在溪边阡陌中上演各自的精彩。加上房前屋后翠竹掩映，即使没有美丽的名字本身就已经足够的漂亮，倒不如“樟树下”这个名字简单明了、引人入胜。

抗日战争时期的庄余霞村，是“小三八”的小小根据地。当时，庄余霞虽只有 97 户人家，350 余人，但却是远近闻名的“革命活动区”，村里的群众从现实的斗争中选择了跟共产党走。他们追求光明、不怕牺牲，先后加入新四军浙东游击纵队金萧支队的达 58 人，29 人加入中国共产党，随军北撤的有 11 人，其中有 5 位为革命事业献出了年轻的生命。他们都以自己不同的方式为民族的独立和人民的解放做出了贡献。

我们走进了重新修葺的杨氏宗祠，也就是现在的庄余霞文化礼堂。作为革命陈列室，以“红色庄余霞”为主题，面积 300 多平方米，馆内资料由上余村乡贤——北京师范大学历史学院院长杨共乐教授历时一年收集整理，里面详细介绍了各个时期庄余霞儿女的革命英雄事迹。

自行车协会支部是诸暨市体育局下属的支部，党员经常参与党日活动

其中电影《高山下的花环》的原型之一，中国人民解放军陆军第二十军军长兼政委杨石毅军长之子、1 军 1 师某团副连长杨少华，在“1•15”战斗中，在阵地上只剩下他和两名战士的情况下，毫不退缩，沉着指挥，顽强战斗，坚守在距敌只有二三十米的“李海欣高地”上，和增援分队一起打退了越军的疯狂反扑，牢牢地坚守住阵地，荣立二等功。杨少华两次在危急关头冲上前沿阵地指挥战斗，这是诸暨儿女的骄傲！

“骑行 + 革命”的教育，这是我们诸暨作为革命老区的又一亮点。

董村之行

2016 年 7 月 10 日　星期日

来势汹汹的“尼伯特”从台湾登陆后，穿过台湾海峡，在福建泉州又一次登陆，这次对诸暨没有多大的威力。于是有人在微信朋友圈调侃：尼伯特在诸暨忘记了登录的密码，没有办法登陆了！可见，诸暨历来是人间福地，台风绝少影响，即使在象山登陆，也还是数十年一遇的事。

清晨醒来，郭医师就在群里约起：“晨骑董村，早饭我请客！”城区到董村，全长 10 千米。这是一条菜鸟初学时最爱骑的线路。到董村是条断头公路，过往的汽车很少，又有一道不大不小的岭，来回骑行也花费一个多小时，这“短平快”的骑行线路很受车友的青睐。

7：00，我们一行四人在水务集团集合出发。到董村最方便的路线是从陈璜线走，但骑友一般不会这么笨。我们从天车罗、石佛村的河埂上穿行，此时，置身于鸟语花香、山清水秀的大自然之中，听着清脆、悦耳的鸟鸣声，真是心旷神怡。

到董村，必要经过花厅村，听听这个村名，就让人联想到美好。这里群山环绕、小溪淌淌，沿途花木森森，空气清新，真是单车骑行的好场所。其实，这是近年来花厅村发展花木产业带来的环境效应。

2000年，在镇政府的穿针引线下，杭州铁路分局园林处承包了村里50亩荒地，种植花木。当时还是花厅自然村干部的张介苗就敏锐地意识到，这是一个致富的产业。由于花厅村靠近城区，村里人多数到外面打工，村里的很多田地荒芜了。杭州的花木种植能手给村里人上了一课，原来花木也可以致富。

2003年起，张介苗和村干部带头开始种花木。为了让更多的村民投入花木生产，张介苗还组织80多位村民去萧山等地取经。

经过10多年的努力，花厅村现有花卉苗木基地800余亩、茶园600余亩、香榧基地600余亩，其中400多亩是承包了外村土地。现在，花厅村已成为花木生产专业村，有专业户100多户，年产值800万元以上。花厅村的丹桂树远近闻名，特别是秋天的桂花，金桂、银桂，花枝招展，沁人心脾。去赏花、游玩的人越来越多，也带动了一方经济。

沿着这条花木相伴的乡路，车友在自行道上前行，一边是潺潺的溪水，一边是醉人的自然风光，若能跨上自行车骑上一个小时，不仅能够享受到清新的空气，还能达到运动健身的目的。一路山光水色，一路风光旖旎，一路香气袭人。在高低错落的山路上，时而听着路边小溪的潺潺，时而闻到大山深处泥土特有的气息，心情瞬间变得格外舒畅，好似身上的每个毛孔都打开了，正贪婪地汲取着自然所赐予的养分。

一路绝尘，我们来到了董村。原认为这个村的村民都姓董，一问才知道自己患了“想当然”的错误。村中央有座美轮美奂的“张氏宗祠”让我们很是迷惑。我们正在宗祠口交头接耳时，过来了一位长者。他对我们说，诸暨的地名很有意思，姓氏不一定代表着村名。沧海桑田，世事变幻，当年曾经盛极一时的名门望族也会人丁单薄乃至后继乏人，这时往往会有外姓陆续迁来居住，或是多姓聚居的村子中以其姓命名的主姓衰落了。

传说董村原有董、应两姓居住，故名董村。在唐代有张姓从嵊州迁入，“原住民”董、应两姓后绝，张氏成为主人，但“饮水思源”，张氏人还是保留着董村的村名。但侍奉的祖宗显然是张氏，“张氏宗祠”是新修葺的，感觉到每个村都有厚重的文化底蕴。

我们怀着敬畏走进“张氏宗祠”。西方哲人说过，每座十字架下面都埋藏着一部长篇小说。那么作为宗祠文化重地，更是一部厚重的民族史。宗祠沉积和呈现了中华民族血缘人际、宗族观念、祖先祭祀、忠孝节义、伦理道德、典章制度、堪舆风水、建筑艺术、美术绘画、雕刻、书法楹联等方面的历史文化信息、艺术和技术的内涵，是地域乡土文化最精华的核心部分。

董村是一个去了还想去的乡村。早晨骑行在这条路线上，可以感受露水的清新，傍晚时分能听见鸟鸣，望夕阳美景。沿途溪水相依，似在画中穿行，那种回归自然、天人合一的感觉对于厌倦了城市车水马龙的你来说，着实是一种享受。如果你停下车来，与乡亲们聊上几句，他们的淳朴都能给你留下深刻的印象，还有原汁原味的乡村早餐。

单车达人玩心跳

骑上后泄村

2016年8月7日　星期日　晴

生活不是一场赛跑，生活是一场旅行，要懂得好好欣赏每一段的风景。

到了夏天的尾巴，副高压威力不再，天气虽热，但早上是凉爽的。我们一行四人，约好去五泄小骑。

自双金公路（暨阳街道金村至马剑镇金沙村）通车后，去五泄风景区便当多了，不知多少次飞车去风景区神游。

去五泄，也是有多条道路，可以从双金线，也可以是三环，当然还可以走老路，从大唐、草塔过来。每条道路都有各自的味道和故事。

据《诸暨日报》报道：五泄镇党委、政府力推五泄慢游，着力建设一个与五泄景区互补的风情小镇。五泄慢游将以五泄景区为依托，串联十四都、西皇、红枫岭、五泄村等周边古道，形成一张总长70千米左右的健身路径网，并配合古建筑群、民宿民居等景观，打造集度假、休闲、养生为一体的慢游度假服务区，山水间的慢生活概念休闲度假小镇。

许多游客来五泄，都是冲着瀑布来的。其实，本地人知道，五泄还有许多美景。从市区出发，沿着双金线，十多分钟的车程，就可以抵达五泄镇。在秋雨微风中，远处巍峨的青山烟雨朦胧，以一种静默的存在隐现于视线中；近处路旁初染秋意的树木，与白墙青瓦的屋舍相互掩映。静听，溪水潺潺声不绝于耳；猛一嗅，淡而不腻的桂花香沁入心脾。

到了五泄风景区所在的五泄村，有人竟放弃通天大道不走，拐进了路边一条上山的小道。这是五泄镇政府近年来开发的健身小道。山上有个自然村前泄村，山不高，海拔仅三四百米，但山道弯曲，坡度大，汽车上去也要加大马力，更何况靠人力的自行车！

明明可以玩得很轻松，却偏偏要拼体力。如今，道路越来越宽，交通越来越便利，家家户户都有私家车，出游十分方便。偏偏有人爱上单车。户外运动越来越火，单车骑行已经不再是新鲜事，我们这个城市迷上骑行的朋友也越来越多。

对骑车来说，有坡度就有趣味，山道一旁是石崖陡峭，一旁是枫树苍翠。一圈一圈骑上山，难度不亚于征服。没想到，五泄还有这么美的山村，登上山顶凉亭，极目远眺，山下的五泄村尽在眼前。

当我们用尽“洪荒之力”登上了山顶，此时眺望山下，真有一览众山小的豪情！后泄村是个仅有 10 来户人家的小村，古宅森森，破落没有人住，但可以想象当年一定是人丁兴旺。在一座荒芜的大院里，竟有一台光绪年添置的风车，让人唏嘘不已。

目前全村仅几位老人“留守”，他们过着日出而作、日落而息、与世无争的悠闲生活，这样的生活让人羡慕。村头老房子有对夫妇，在这里养老，在上海做建筑生意的杨正涛是这里的常客，他说：“这里远离喧嚣，安静舒适，空气清新，住着舒服，吃着放心，我自己常来，也经常介绍上海的朋友过来，大家反馈都很好。”

对我们来说，中年，是人生最丰富多彩的时光，经历过风雨，见过世面，收起曾想征服世界的狂想，忘却不悦的过往，浪漫地营造着自己舒适的生活。骑着单车，周游世界，听着轻松的音乐，仿佛漫步在春天的原野，任梦想随风摇摆，任美好的记忆流淌。生活就是这么惬意。

是的，人生的路上，我们都在奔跑，我们总在超越一些人，也总在被一些人超越。我们要抵达遥远的终点，更要懂得欣赏沿途的风景。而人生的秘诀，便是寻找一种最适合自己的速度，莫因疾进而不堪重荷，莫因迟缓而空耗生命。走自己的路，看自己的景，超越他人不得意，他人超越不失志。

对于很多没有骑行游历的人们来讲，对骑行既羡慕又胆怯。旅游嘛，为什么要那么辛苦呢？但如果你给自己一次远行骑行的机会，你一定会彻底地爱上它！这种旅程是自己一圈一圈踩出来的，有着其他旅行方式不能带来的成就感和征服感。骑行后在回忆旅程时对看过的风景和到过的地方会有不可言喻的情怀。而当从苦中得到乐趣时，又会对人生有不一样的理解，所以你看到骑友无论多辛苦，他们都是一脸笑容地勇往直前。只有亲身经历后，才能深刻感受到骑行的魅力吧。

骑车回来，我在日记本里写上几句给自己的话：请相信生命的韧性是惊人的。去跟自己向上的心合作，不要放弃对自己的爱护。

征服杭坞山

2016年8月28日　星期六　晴

我承认，“征服”二字有点矫情，但对于我来说，这件事等待得太久了。

骑车六七年了，每当车友说起杭坞山，我一点脾气也没有，因为这座山曾承载着我的伤心和眼泪。前几年，我数次欲骑上去，无奈都因体力不济而败下阵来。作为一名“资深”骑手，这是无法启齿的事，我也一直耿耿于怀。

这到底是座什么样的山，让人又爱又恨。坑坞山，又名柯坞山、杭坞山，有人称“可恶山”。位于诸暨北部店口、次坞、直埠三镇交界处，是诸暨北部最高峰，海拔583.8米。山不算高，但相对高度高，陡度大。6千米的上坡，陡升500多米，平均坡度10%，最大的坡度20%。我曾骑上过东白山，海拔1200多米，骑上过钟家岭、茅塘山、晓居屋头，但这些比起杭坞山，都是小巫见大巫了。

趁天气转好，我与小伙伴再次进发。

我们通过诸店快速通道出发。诸店快速通道也建起了自行车道，让人惊喜。绛红色的沥青路把机动车道与自行车、人行道隔开了，大路朝天，各走一边。这对于骑车一族无疑是开心的事。骑在单车道上，速度更快了，当然也要防着对面过来的逆向行驶的车与人，这是最危险的事。

一路狂奔，很快到了直埠镇姚公埠村。这是个很美丽的村落，坐落在浦阳江畔，曾经是个繁华的码头。姚公埠有着很深厚的历史底蕴，古宅森森，每个院子都无声地诉说着当年的繁华。姚公埠是姚文元的故乡，他曾经担任中共中央政治局常委，诸暨人做官做得最大的就数他了。

穿过姚公埠大桥，我们就进入了湄池长澜村，就到了杭坞山山脚。说起长澜，以前的村名叫长拦，凭字面就知道是什么意思了。

杭坞山群峰连绵，风景优美，有许多历史传说，文化底蕴较为深厚。据《越绝书》记载："杭坞者，句践航也。"由于当时的船皆为木制，"杭"就是"航"的意思，"坞"则为泊船之坞，说明杭坞山曾经是春秋时期古越国的生息之地。杭坞山上的三德寺近几年重新修建，山路上游人、香客络绎不绝。

杭坞山盘山公路修得太陡，让人真正感受到什么叫"S"形！全线几乎没有一处是直线，大大小小全是"S"，大"S"套小"S"，为你的骑行不断带来惊喜。在山中举目远眺，山峦连绵，在缭绕云雾中时隐时现，恍若一幅清淡的水墨画。路旁绿竹红枫错落有致，夹杂着山花点点，引人入胜。由于连续上坡和连续下坡，坡度奇大，考验人的耐力和毅力。

爬岭最难的是首次骑行，因为不知道山顶在哪里，不知转几道弯才能到顶。永远是期盼、无助中的绝望。正如古诗写道："正入万山圈子里，一山放过一山拦。"骑车人都是自虐狂，明明有好道路不走，偏偏要走崎岖小道，偏要爬坡。爬坡所要的力气要比平地费两三倍。

我们费尽洪荒之力到了半山腰，就是有名的三德寺所在地。何谓三德？或说，因佛有大定、大智、大悲三德；或说，理经即法身德，行经即般若德，教经即解脱德，会归三德，"明三德无所而不具也"，故名。相传始建于唐代贞观元年间，曾有上三德寺、下三德寺之分，历史悠久，一直以来香火旺盛，香客不断。

走近一看，一派工地的样子，原来是寺庙在返修。据庙里僧人所说：庙宇全部为木结构房子，当年花费 2000 多万元，2010 年建好，六年后的今天成了危房，现在仍需拆除重建，究其原因为当年不是专业的古建筑庙宇建造公司所建。

站在杭坞山，天气好，能见度高的时候，竟然可以看到杭州的六和塔！这里群山连绵，风景优美，人文历史十分丰富。三德寺山门外挺立着两棵千年银杏树，魁伟茂盛，每一棵都需三四个人手拉手才能合抱，它们不但是三德寺历史的见证人，更是三德寺千年不衰的守护神；寺外有一对古井，相传是杭坞山真龙的眼睛，终年不干，可供上千人用水。寺旁一山坳，当地人称之为龙潭，即历代志书所述的“龙湫”，以前有水、农田，现已干涸。

杭坞灵气所钟，东麓长澜村出宣侠父、石祖德著名将领，西麓溪埭村出俞秀松。宣侠父、石祖德同为黄埔一期，领中将衔。

诸暨古越大地，还有两千多年前勾践练兵的古迹

宣侠父是中共著名先烈，一牛人也，有“麦出不食米，一硬硬到底”之典型。诸暨木柁脾气，进黄埔前曾留日，后因顶撞校长蒋介石，被勒令写悔过书，不屈，被开除，留言：“大璞未完总是玉，精钢宁折不为钩。”投西北军，随冯玉祥出师潼关，任国民革命军第二集团军前敌总指挥部政治部主任，冯玉祥谓侠父口才能顶大炮二百门。后冯拥蒋反共，礼送出境。抗战中，宣侠父为二路军政治部主任兼第五师师长，率部随吉鸿昌收复多伦，为一时壮举。

我庆幸，今天终于“征服”了杭坞山，全程靠两条腿登上了顶峰。在山顶上，你就会骄傲地宣布，杭坞山也没什么了不起，只需要足够的能力和胆量，就完全能骑上来。

有经验的骑手都知道，其实爬坡最需要的是内心强大不胆怯。在爬坡过程中，哪怕有一丝的胆怯，就会前功尽弃。

杭坞山至少需要每年来骑一次，在体力允许的前提下。

骑车，对每个人来说，都有无远弗届的感染力。

在美丽乡村诗意地栖居

2017年2月25日　晴

骑车，不光是看风景，更多的是访人文。今天我们应陈宅村退休教师赵祖光的邀请，去陈宅镇做客并骑行环石壁湖。

多次骑行环石壁湖，这是一条风景秀丽、人文荟萃，集自然风光、贤踪圣迹于一体的乡村路。认识赵老师很久了，当年我在诸暨网文学社区做版主时，一直上传他的文章。没想到见到真人是若干年后在骑行途中。

赵老师的家就在陈宅镇上的陈宅村。这是一个大村，自然条件优越。改革开放后，旧貌换新颜。我翻了翻相关的书，了解到陈宅镇的历史。陈宅东、西两面都是逶迤绵延的山岭，东部属会稽山脉，主峰东白山和陈宅相距约10千米；西边的统称西山，属于龙山山脉，重峦叠嶂，山势险峻，经过多年的养护，原来光秃的群山，早已是林木葱茏、遮天蔽日了。山石间流出的泉水，淙淙有声，澄澈清明，其味甘洌，有的村民取来用于烹茶。

陈宅相距石壁湖仅1500米，也算是属于库区了。石壁湖蓄水一亿多立方米。水库东西两边均有公路，一边到枫山，一边到岭北，都能通到东阳。湖的四周群山环绕，浓荫匝地，虽盛暑亦觉阴凉。湖光山色，相映成趣，足以游目骋怀。如果晴天在大坝上凭栏眺望，红霞半空，微风习习，波光粼粼，气象万千，令人心旷神怡。所以一直来，陈宅都是骑友心仪的骑行天地。环石壁湖则是诸暨境内经典骑行线路。

1996 年，石壁乡撤乡设镇，更名陈宅镇，这既是形势发展的需要，也是陈宅干部、村民努力的结果。陈宅村以此为契机而有了较快发展。诸东路穿村而过，很自然地将全村分为东西两个区域，东面作为新区，近百栋三层的新楼房按照规划和统一的设计图纸建造，拔地而起，成为 200 来户农民新居，而西区多户拆旧建新，大大改善了村民的居住条件和环境卫生。

我以为，乡贤是新农村建设的重要组成部分。如果漂亮的房子没有人住，或者是由经常打架斗殴的人居住，那新农村建设有什么意义？

陈宅交通便利，诸永高速在陈宅有出口处。建镇后，吸引了外地商贩来陈宅开店设摊，为繁荣陈宅的经济做出了贡献。而陈宅村的青壮年大多数去了上海、杭州、义乌等地谋求发展。藤羹、粉丝是陈宅的特色产品，以品质优良、口味好而广受消费者的青睐，闻名遐迩，外地来购买者络绎不绝，甚至供不应求。特别值得一提的是陈宅的老年协会，负责的几位老先生年事已高，没有工资，不谋私利，却把老年活动搞得风生水起，孤巢老人受到照顾，此举受到村民的称赞，多次得到上级的表彰。

让我们惊奇的是，赵老师的别墅建在集镇上。100 多平方米落地面积，加上绿地面积，比城里的豪宅还“高大上”。赵老师介绍，1999 年退休后，出于对家乡陈宅温馨的回忆和眷恋，他和妻子回陈宅定居，安度晚年。

赵祖光老师今年已 70 岁，他的人生阅历不简单！1959 年高中毕业后即开始自学中医，从小熟读四大经典著作，广泛浏览了历代的名家名著及大学中医教材，从而打下了坚实的基础。1963 年开始行医，通过临床摸索，逐渐积累了一些经验。1979 年参加了浙江省中医药师的招生考试，并以优秀的成绩被录取，后被分配到绍兴职工中等卫生学校任教。1984年任校长，1995年离任。1987年晋升为中医主治医师，1995年被评为中医高级讲师。赵祖光老师还担任过浙江省七、八届人民代表，诸暨市八、九届政协副主席及中国农工民主党诸暨市委会主任委员等职，可算得上是陈宅镇上的名人。赵祖光老师家2017年还被评为陈宅镇“最美家庭”。

每次到赵老师家，他都十分高兴，会叫家人设宴招待大家，弄得我们有点不好意思。我们每次去他都十分高兴。因为他行动不便，坐在家里很少出门，看到我们凭着一辆单车，任意飞驰，很是羡慕，称我们是“武工队”。一边是安静，一边是运动，两者看似不协调，却成了好朋友。

人是最奇特的动物。当一个人受时空所限，即使身体不便，也可以用心灵到达远方。这几年，赵老师每年在报刊上发表几十万字的文学作品，借报刊上的文字，使他达到了“诗和远方”的生活状态。

我想说的是，人只要拥有快乐之心，即便身在偏远乡村，也似在闹市区。一本好书，一杯清茶，置身其中，都可以让人获得幸福时光。赵老师的文章，就是一个人面对自己，最终达成与心灵对语，宛若夜的星光与月光，穿过静谧，落在我们身上。

附：赵祖光老师的文章

与健康快乐为伍

——记诸暨市金盾骑游队

大约是2013年吧，我因文字和王晓铭先生结缘，得到他很多的帮助。我们常有邮件往来，虽未谋面，但我感到王先生待人热情真诚，乐于助人。2015年春，我邀请王先生来我家一聚，他爽快地答应了。那一天，一行八人来了，当时我很吃惊，他们都是骑车来的，其中还有几个女同胞。自行车横放在我家门前的道地上，原来为了减轻重量，这种跑车，没有停车架，结构简单，但结实牢固，价格不菲，每辆车要数千，好的甚至上万；他们都戴着统一的头盔，脚穿跑鞋，服装紧身，英姿飒爽，个个阳光。初见王先生，他个子不高，两鬓染霜，谈吐不俗，精神奕奕，他送给我一本书《人老江湖两部书》，这是他多年来采访一百位名人的走访。后来我仔细阅读了，不容易啊，深为他锲而不舍的精神所感动。他的队员，大多在“不惑”到“知天命”这个年龄段。这三年中，他们来了好几次，陈宅村民也熟悉了，对他们颇有好感，戏称他们是“武工队员”。

他们休息片刻后又出发，有时去岭北，有时去枫山，有时去迪宅，也许他们认为仅到陈宅，运动量不够，据说他们有时要骑行一百多千米。

中午在我家用膳，便饭招待。队员们朴实无华，喜欢互相开

金盾车队车友与赵祖光先生合影，是不是很有范儿

玩笑，爱喝酒的喝酒，喜欢吃肉的吃肉，用餐期间，欢声笑语不断，我很欣赏他们洒脱和不受拘束的性格。他们的情绪也感染了我，给我家也带来了欢乐。他们乐观和开朗的性格，和自行车运动有一定的关系。队员对王先生很尊重，笑说："队长指向哪里，我们就战斗在哪里。"

2017年12月23日，王先生一行五人，又一次来到我家，临别时，我们合拍了一张照片，王先生将一面"金盾自行车队"的队旗覆盖在我的腿上。

是的，自行车运动给他们带来了健康和快乐，让生命更有意义，也让我感悟到"生命在于运动"的真谛。骑自行车健身，在国外也方兴未艾，好处多多：可以减肥，使身材匀称；可以强化心脏功能，防止高血压；能与大自然亲密接触，免费观赏野外景色，从而愉悦心灵；方便灵活，没有污染；相对来说，比较安全；等等。参加这项运动的人越来越多。王先生组织了这样的车队，起了很好的示范作用。愿快乐和健康永远陪伴他们。

山下湖有个山上湖

2017年3月10日　星期五　阴

对我来说，骑行其实是一次参禅过程。每次骑行，“痛苦”的是肢体，“快乐”的是心灵，收获的是骑行过程中得到的生活哲理。

这次我准备骑行到山下湖，我的朋友杨国发说：“山下湖有个很有意思的农庄，不妨去看看。在半山腰上，不过有点强度哟！”

挑战是骑行者的“怪癖”，我们车队有句名言：“车到山前必有路，汽车能上单车就能上！”

我们从山下湖镇泌湖村卫生室背后的盘山公路出发，这条路平时很少有车上去，路面很陡，顺着山峰往上绕行。终于在一个急转弯到达一个山谷时豁然开朗：三面环山，一片蓝色的湖面上，有一处白色的别墅，碧波荡漾的鱼塘水池，郁郁葱葱的绿野山林，恰似“世外桃源”，这就是山下湖镇野生鳖养殖基地，人称山上湖农庄。

隔绝尘世喧嚣　坐拥山水美景

庄主陈均平六十有三，清瘦的个子，说话风趣诙谐。2005年，还在交通局上班的陈均平以50万元承包了本村无人看管的山林。据说，这片山林曾有不少人来承包过，养殖过动物和水产，都失败了。因地势高，遇上山洪暴发，就“全军覆没”。

陈均平就不服气。他早年曾担任公社、乡镇干部，有过多年的农村工作经验，也有一股诸暨人的“木柁”脾气：“别人不行，不等于我不行。我们这些当干部的，平时经常教育别人要这样，不要那样，好像什么都懂，其实在别人眼里是‘动嘴不动手’的，这次我就要动动手，让别人看看，我们当干部的不是孬种！”

陈均平义无反顾地扎进山里，开始了人生又一次创业。

百年巨龟守湖边　千年香榧初产果

只要农庄有客人来，陈均平最大的快乐就是陪着绕山上走一圈。他管自己的山庄叫山上湖：“山下有个山下湖，我在山上建个山上湖。”

当过干部的陈均平为自己的农庄山水取了不少名字，湖面的桥叫“源恩桥”，山上的路叫“宝珠路”，大小几个湖，叫外西湖、内西湖……

10 年前，陈均平改造了山庄的水利设施，筑起大坝，形成小水库，放养了几只高价收来的野生大甲鱼。“在当时，人工养殖甲鱼技术已相当成熟，单纯跟风养甲鱼肯定没‘钱’途。”陈均平想，既然自己的甲鱼是野生的，能不能在这上面做文章呢？随后，他用小鱼当饲料，并尽量保持甲鱼自然的生长环境。陈均平养的甲鱼从不喂饲料，主要以鱼、牛心肺等甲鱼爱吃的食物为主，并且按照“稀养、野养、慢长”的思路，这样放养的甲鱼每年生长很慢，一年重量才长几两。由于坚持不饲喂配合饵料、不催肥，甲鱼在原生态的环境中生长，保持了野生的特点，其生物学特性明显有别于速生培育的甲鱼。陈均平在山上建起了 10 多个塘，水渠建起后，再大的洪水也冲不走湖面里养的野生鳖。

这样的养殖方式在 10 多年前是超前的理念，到现在成为时尚，山上湖的名气就大了。每逢过年，许多朋友不惜山高路远，

江南好风光，美丽山上湖

专程开车来买野生甲鱼。山上还种上了香榧、水果等。“再过几年，农庄就有产出了，这样每年都有收入了，到时就收支平衡了。”陈均平还写出了打油诗，在微信朋友圈描写了山上湖庄园的情景：“茶花红遍枇杷鲜，山上湖中显身手。风雨甘苦十周年，十月十八生日天。百年巨龟守湖边，千年香榧初产果。此地处处我脚印，何人还知创始人。”

投千万至今不后悔　唯一收获的是健康

说实话，陈均平当初的想法比较简单，就是退休后，养一口塘，种几垄菜，过上田园牧歌的生活。没想到，农庄一上马，很快就开始“烧钱”，光是上山的公路，就耗费了他多年的积蓄。

为此，他变卖了几处房产。陈均平夫人早年下海办企业，把赚来的钱也都投入到农庄里。前几年农庄是陈均平请他当农民的弟弟管理，3 年前，他正式退休了，就全身心地投入到家庭农庄的建设中。从 2005 年至今，陈均平已先后投入上千万元。说到这里，陈均平毫不后悔，他说，投千万至今没收效，唯一收获的是健康和快乐，而健康和快乐是无价的。

关于现代人都十分关注的健康长寿，陈均平有自己的一番悟道——随着社会的进步，健康长寿成为人们最大的期盼。然而当你郑重其事，以至孜孜以求地关注起长寿的时候，十有八九为时已晚。你看，现在的社会，讲究健康的人越来越多：讲动的，讲静的，讲吃素的，讲喝水的，讲拍手的，讲泡脚的，讲打坐的，讲打拳的，讲游泳的，讲爬山的，讲戒酒的，讲戒烟的……电视广播，报刊网络，街谈巷议，道听途说，于是，高人全出来了！但是都市人却越来越不健康！听来听去，仿佛越活越不会活了。

乡村美好要靠奋斗获取，美景也是人来创造

所以他顺其自然，干起了生态绿色环保农产品养殖。

陈均平的老母亲与他一起住在山上，已有87岁了，眼不花，耳不聋，手脚敏捷，还要为农庄做些力所能及的事。而陈均平更是不一般，他看上去不过50出头，心态年轻。

陈均平把家安在山上湖山庄，当起了名副其实的“庄主”，没有大事，他几乎不下山，每年到城区最多就五六次，真正过上了隐居生活。

陈均平每天都要走一圈庄园，一天要走一万五千多步。山上的每一株香榧树苗他都认识。陈均平有时开玩笑说：“山上的树木一定认识我，每天都看望它们的老头是庄主，如果它们会说话，一定会跟我打招呼！”

山上湖农庄如今经常高朋满座。2016年阳春三月，阿联酋迪拜商会总会的金会长从北京赶来山上湖，身居中东沙漠的贵宾看到如此秀美的湖水，激动地跳下湖畅游。客人对山上湖赞不绝口，事后还专程送来锦旗，上面写着：伟大的庄主，正能量使者！

山上湖还是当年金萧支队打日本人的战场。2016年冬，陈均平邀请金萧支队老战士史金灿到山上湖来，缅怀战友，凭吊战场。看到昔日的群山被改造成花果山，老战士连连点头，这让陈均平感到十分欣慰。我们就是要把革命先烈流过血的地方建设好。

萃溪河，美丽听得见

阳春三月，诸暨市文联组织的“五水共治”采风团来到浦阳江的一条支流，美丽的小溪——璜山镇的萃溪河。我曾多次骑车经过此地，每次都是疾行而过。人们都说，美丽景色要静下心来好好感悟，这次我要好好地感受一下。

小溪旁远处群山环绕，树木茂盛，空气清新，小溪里流水动听，清澈见底，不时有小鱼游过。呈现在我们眼前的景色美不胜收。溪流旁的奇石形态各异，大小不一，颜色各式各样。溪流的水是碧绿的，绿得像是绿树绿草染过似的。

在一个小小的坝堤上，溪水从大山深处一路歌唱，欢快地流到此地，突然被石坝拦住了，猛然下垂至悬岩下，小溪惊叫起来，发出清脆的声音。我的心一下子被震撼了，这是什么声音？能直至人的心灵，让人愉悦。

大江大河的水流往往是无声的，而小溪的声音是欢快的、清脆的、悦耳的。我突然想起了广播电台一句经典的广告词：“美丽听得见！”是的，美丽，不光是用眼来看，还要用耳朵听，更要用心来感悟。

江南水乡，小溪随处可见。古老而美丽的小溪，千万年的水流，九曲十八折地从大峡谷流来，又无不例外地向东流，注入大海。

让我们细细地品味小溪的歌唱：清晨，随着风声，小溪欢快地一路歌唱一路畅游，连绵起伏的群山郁郁葱葱。四周枝叶繁茂的垂柳摇摆着长长的柳条，像一位婀娜多姿的少女，体态优美。树林里时时传来鸟儿婉转动听的歌声和潺潺的流水声；傍晚，小溪淙淙的流水声和风吹柳叶的声音像一支催眠曲，水底的小鱼都进入了甜美的梦乡，岸边的小草也不动了。远望那绿意荡漾的高山，低处那潺潺东流的河水，形成了一幅美丽的山水画。

曾几何时，包括萃溪在内的小溪河是纳污处。生活污水、生活垃圾都在这里，日复一日，年复一年，这儿的脏水把环境也污染了。那时，小溪发出的声音分明带有一种哀怨，溪水的声音是痛苦的。

自“五水共治”活动开展以来，村民进行河道清淤、截污纳管、生态治水，让河流尽快“活”起来。溪水淙淙地流着，哗哗地唱着，咚咚地跳着，一刻也不愿停留。萃溪河，波光潋滟，清澈见底。

清澈的溪水击石声一定是清脆的，而混浊的水发出的声音一定是沉闷的。小溪洋溢着的春水，高兴地流淌着。每一个小小的漩涡，都是一片笑意，映着蓝天白云，和两岸初春的嫩绿，流动着柔和欢快的声音！

云上半山是晓居

2017 年 9 月 23 日　星期日

人过五旬，突然迷上了自行车运动。每逢双休日，我总要呼朋唤友，邀约一起到郊外去疯狂一番。

自行车运动真叫人又爱又恨。借用一句话：如果你爱他，就让他骑自行车吧，可享受“速度与激情”的快乐；如果你恨他，就让他骑自行车吧，可体验地狱般的痛苦。

前不久，我与几位骑友骑到位于诸暨西部的璜山镇晓居村，体验了一次又爱又恨的单车之旅。

清晨 6 点，我们就从城区出发，初秋的风很凉爽，阳光不是很猛，一路飙车的感觉很好。我们车队很快骑到了璜山镇的许村，向左转弯就是上山的路。这是海拔 600 米的白沙岭，抬头望去是无尽的山峰，车友卯足了劲，开始挑战高峰。

刚开始觉得十分新鲜，一路绿水青山，空气清新，花香鸟鸣。转了几个山头后，考验开始了！资深骑友最怵的就是环山公路。因为你不知道何处是尽头，正所谓“正入万山圈子里，一山放过一山拦”。自行车运动的魅力也正在此。倘若一马平川，骑车过程就会乏味无劲。翻山越岭使人平生一种成就感和征服感。正因为此，诸暨境内的高山丛林都成为自行车运动爱好者恣意驰骋的战场。远在璜山镇的晓居也就自然而然成为了骑友骑行的热点。

闲话少说，我和车友正心无旁骛地朝着山顶攀登。这时，不需要你有多么高档的车子，也不需要你有多好的体力，只需要你有足够强大的内心，只顾一脚一脚往上蹬。上山消耗的体力约是平地骑行的三倍，时速也从二三十码降到八九码。这时，你不能有半点的松懈，不能有半点的犹豫，因为你如有一脚跟不上节奏，就会从车上掉下来，再也无法上车。此时此地是在 10 度左右的坡上。有经验的骑手一般不往上看，因为你往上看，就会产生何时到顶的念头，就会泄气。记得我第一次骑晓居，骑得上气不接下气，一直往山顶上看，越看越没信心，真是哭的心情都有。

从山脚齐村到山顶晓居，足足骑行了 40 多分钟，我们终于到达了山顶。当你费尽力气登上山顶，眺望远处，真有一览众山小的豪情！

进入村头，一块巨石上刻着“晓风村”三字，撤扩并村后，晓居村成为晓风村的自然村，但人们都习惯叫晓居屋头。“暖暖远人村，依依城里烟，狗吠深巷中，鸡鸣桑树颠。”我们怀着敬畏的心步入晓居村，脑海里出现了这样的诗句。

诸暨人介绍晓居屋头有句老话：“有天吭日头，雾露挨到镬灶头。”整个村都淹没在半山腰里，但没有古村特有的古迹。踏遍晓居全村我们也寻不着一块木雕、古砖，精美的老宅也难觅踪影，只有青山依旧，流水淙淙。

我一直很欣赏晓居这个村名，觉得很美很有诗意。据说，古代有支军队路过此地，因拂晓宿营在此，后就有晓居这个地名了。我一直在想，这是支什么队伍，从哪里来，到哪里去？问山，山不应；问大地，大地沉默。唯有村里几座被烟火熏黑的木结构老宅，记录着古代村庄的历史。

在晓居停留片刻，我们又沿着新开辟的公路往山上走，转过几个弯就到观音殿。每年的农历六月十九和九月十九，观音殿里挤满了来自各地的信徒。这里是村庄的制高点，也是视线最开阔的所在：青山连绵起伏，迢迢尽收眼底。这是晓居村的最高点，极目望去，数百千米的山峰仅晓居村有人烟，让我产生了遐想：我们的祖先为何选择了这里？唯有远方东白山上的大风车，一圈一圈转动着，无人回答我的问题。

在海拔600多米的山头上，竟然有好几家休闲农庄，让我惊奇，晓居的空气也能卖钱！

晓居村的村民是朴实的，这几年休闲风起，来晓居旅游、骑行的人多了起来，村民都习以为常了。来了就是客，大爷大伯大婶大嫂及小屁孩，都笑迎客人，添水、让坐，问声“骑上来累不？好不好玩？”

村头一个八旬老人，见了我们，笑眯眯地让我们进他的院子。只见三层楼的楼房仅老两口住，一问儿女都在城区，大儿子做老板，小儿子当老师，个个事业成功，很少回来。问他靠什么生活。老人说，几百亩竹林收入就可观，以前自己砍毛竹，每年都有几万元，现在砍不动了，请人来砍划不来，人工费都不够，只好烂在山上。

我拿出手机拍照，发在微信朋友圈，收获了好多点赞！都在问，这是哪里？这么蓝的天，如此迷人的风光！我骄傲地说，这是咱诸暨的“青藏高原”——晓居！

习总书记说：绿水青山就是金山银山。真是大实话呀！别看山上的人远离城市，只要肯出汗出力，生活还是很美好的。我们看到晓居村家家户户住宅都很漂亮，还有几幢别墅豪宅，想想晓居人真幸福，没有雾霾，空气清新，与竹为伴，与地为朋，在浙东的一处丘陵中过着神仙般的生活。

愿晓居的明天更美好！

建在山顶上的生态游步道

2017年3月4日　星期六　晴

应店街镇家住崇柱村的"樱如雪"平时喜欢写写画画，没想到今年春节，她的一篇《开启养肺之旅——应店街崇柱村生态游步道》的微信文章在手机上一发，把崇柱村新建的生态游步道炒热了。今年来，登山爱好者慕名而来，周末游客达三四百人次。应孟燕丽老师的邀请，我们金盾骑游队一行9名车友兴致勃勃地骑车前往探访。

纺织机办不下去了，房前屋后的山林成了致富的希望

从城区出发，途经双金公路，进入十二都，到紫阆，左拐就是崇柱村。村口新建了牌坊。新奇的是，材料不是通用的冷硬的石块，而是环保的竹子，让人有一种回到家乡的味道。

崇柱村坐落在应店街镇西部，有石柱坞和莱坞两个自然村，共409户人家，1000多人口，有水田188亩、旱地17亩、山林3953亩。这里原本是传统的纺织专业村，家家户户办织机，最多时有2000多张织机。近年来，受大环境影响，村里的低档次纺织业严重萎缩，目前全村仅一二百张织机。如何带领村民走勤劳致富的道路，这个问题摆在村两委班子面前。

2015年底，应店镇筹划由紫云片崇柱、寨头、五云、上山坞、

紫阆几个村建设一条各村相连的游步道。消息传来，崇柱村十分重视，经村民大会讨论通过，由村主任傅建益具体实施。不等其他村动手，他们就自己先干起来了。

令崇柱村民骄傲的是，该村有美丽的“石柱爷爷、石柱嬷嬷”神话传说。相传在上古时代，天上有位神仙，用扁担挑着两颗巨石，经过崇柱村时，扁担不吃重而断，巨石掉落凡间。经过时间的风化，巨石化成人像。明初，朱元璋初定天下，见江南人杰地灵，派国师刘伯温暗中查访。刘伯温来到此处，见两座山峰突兀对峙，犹如一对互相厮守的伉俪，见天地如此造化，刘伯温大为感叹，上前拜谒，称其为“石柱爷爷、石柱嬷嬷”，并言道：“此乃福寿之地，得居者寿长嗣昌。”

如此优美的神话传说，为崇柱村建设生态游步道平添了神奇色彩。相传凡是陌生人第一次进村，必须下车先行叩拜双瑞，生态步道从拜双瑞开始，经雨伞岗，过外龙门，入洞坞，登龙门坎顶，奔枫树坪岗，踏老虎尾巴尖，溜奔斗湾，走荞麦湾岗，直下箭杆岭，漫步通富古道，穿崇柱，回双瑞。

山高林密，勘查上山线路的村民竟迷了路

建游步道，想想容易，真正实施起来却困难重重。崇柱村的山林经几十年的封山育林，树茂林密，根本没有路可走。

2016 年 5 月，傅建益召集了几个年纪稍大的村民一起讨论游步道的大致路线图，随后和他们上山初步踏勘并砍出一条小路。因为树木茂盛，钻进山中后常常搞错方向，有一次几位村民甚至迷了路……

傅建益对游步道的设计理念就是严格按照生态规划。首先砍伐路两边树木宽度达四至六米，碗口粗以上的留下，小的清除，能观远景的地方就清除个观景平台出来，游步道整条线路形成后，就建造阶梯，要求非常明确，就是生态、自然、牢固，一切材料就地取材。

游步道建设共建成杉木阶梯 1850 余档，没用一点水泥和石块。施工时由村民小组长章达龙带队，一共十五六人，自带中饭和饮用水，中午吃的都是冷饭头，早上 7 点半上山，下午 4 点半下山。

这条山路建造之艰辛难以想象。山上蚊子众多，往地上一坐就满屁股蜱虫，因此大家几乎无法休息，累了只能放慢速度慢慢工作，否则蚊子就扑面而来，其间用了不计其数的风油精和霍香正气水。大家回家洗澡时都能从身上摘下叮在身上的蜱虫来！

游步道建起，打破了古村落的寂寞

经过 6 个月的艰辛施工，2016 年 11 月，崇柱村硬是靠自己的双手建设起了这条生态游步道。从“石柱爷爷”山脚开始，沿着山脊一直到箭杆岭。全长 7.5 千米，最快也要走两个半小时。“樱如雪”在她的微信中写道：“这是一条原生态的小道，它没有硬邦冰冷的石板台阶，有的只是落叶化作泥的松软和弹性，即使是第一次爬山的你也不会感觉小腿的酸胀，有的只是欢快，以及登顶那‘一览众山小’的舒畅。”

有人说，生命就是一趟旅程，每个人都在途中，每时每刻都在不知不觉中路过沿途的风景。建在山顶上的游步道，好处是可以看到山下的风景。站在雨伞岗，莱坞村就坐落在山坳之中，而整个寨头村就在你的眼前。那远方的幸福水库犹如镶嵌在群山之中的一只玉盘。

在大山的怀抱里，我们谈天说地，尽情呼吸着清新的空气，感受爽劲的山风，我们在远离红尘喧嚣的宁静里，以一身疲累，换得心灵的休整与放松。

在烟雾朦胧时，龙门坎顶又是一幅水墨江南画，令人仿佛置身于仙境。站在梦幻的雾气里，恍惚间自己是仙人下凡……“哇！”

人们的惊叫声不绝，纷纷用手机拍下眼前的美景。

我们走在村道上，山村的“绿”“美”“净”“和”……惊艳了我们。村主任傅建益还特意陪我们参观了村文化礼堂，让我们感受古村悠久的文化底蕴。

一批游人慕名而来，以前崇柱村地处偏僻，外来人员很少，游步道建成后村子逐渐热闹起来了，每天都有很多人来村里游览，特别是周末两天，旅游的人更多。村民的山货有了销路。崇柱村里的石柱竹扫帚、紫云香土烧酒、黄泥胖笋、竹编制品都小有名气，村里打算办个山货市场，让村民推销自家特产。村干部还有改造老房发展民宿启动山村养老项目招商的设想。

还有更好的消息，崇柱村的生态游步道得到了旅游局的认可，决定将其升级为市级生态游步道，再注入资金，扩大其规模。村民无不欢欣鼓舞，青山绿水真是金山银山。

穿迷彩服的就是村主任傅建益，中间的美女是孟燕丽老师

双金线繁花似锦

2017 年 4 月 4 日　星期二

不管全世界所有人怎么说，我都认为自己的感受才是正确的。无论别人怎么看，我绝不打乱自己的节奏。喜欢的事自然可以坚持，不喜欢的怎么也长久不了。——村上春树

清明小长假最后一天，约上金盾车队的小伙伴骑车。原想环东白湖，有人提出，这个季度上午骑东线，是迎着日出，顶着阳光不舒服；还是往西行，背负太阳好受些。看来骑行线路很有讲究。到一个新地方要问下方向，上午朝西，下午朝东，这样可以避开太阳公公，还算是小小的建议。

“晓色云开，春随人意，骤雨才过还晴。”秦观的《满芳庭》一词形象地描绘出此时的春景。经过这几年的精心打造，双金线已成为诸暨境内最美公路之一：公路两旁，繁花似锦，一片灿烂；飞燕穿花，把粉红色的红瓣纷纷踢落；桃花随风飞舞，一片片慢悠悠地飞落下来。绿水盈岸，处处洋溢着迷人的春光；青青隐隐，芳草萋萋，春天的脚步总是来去匆匆。最是人间四月天。

每次骑行前，总要好好看看、读读地图，目光摩挲过一个个地名，仿佛穿越历史的隧道，这些或熟悉或陌生的地名下，也藏匿着自然、历史、传说、民俗……藏着一个物质和精神丰富浩大

的谱系。当我们骑行这些村庄，就是用心去触摸，在眼前幻化成为一幅幅画面。

我们很快到了马剑镇建辉村。两面环山，溪水清澈，环境宜人。为了更好地吸引游客，从 2015 年开始，建辉村通过土地流转，种植向日葵、百日草花、波斯菊等，形成连片花田，并新建迎宾花道 1200 米，又引进盆栽 2000 多盆，做到户户有花香，家家蝶轻舞。

这几年发现村庄的变化很大，新农村建设日新月异，城里人也经常光顾，村民们也见怪不怪，热情好客，开放包容。到了村庄，一切变得简单，不问你的学历，不论你的籍贯，不管你的背景，不计你的年龄，来的都是客。你到村庄走走，他们都会和颜悦色地带你到你想去的地方；到村庄休假，它会给你宾至如归的感觉；到村庄做客，它会倾其所有，慷慨解囊，拿出最好的东西盛情款待；到村庄创业，它会不遗余力地为你提供条件和方便。

作为诸暨市美丽乡村景观带西线列入重点提升工程的 4 个精品村之一，2016 年，建辉村委托省直建筑设计院规划设计了《建辉村精品村规划设计》，主题发展定位为：浓情小年，蜜意建辉，主要是通过挖掘“过小年”文化、特色农副产品加工等民俗，提升村里各方面条件，加快旅游产业培育。

建辉村有着深厚的文化积淀。建辉村的马剑镇民俗文化馆，介绍马剑镇的文物遗产、文学遗产、生活习俗和手工技艺。马剑有哪些宗祠、古桥、古亭，马剑馒头、豆腐皮、长寿面是怎么做出来的，烧木炭、掏六谷的生产习俗又是什么样的，还有，每年元宵佳节，建辉村会举办舞龙灯活动，最长的板凳龙队有 120 节，需要 100 多位舞龙者协调配合……这些民俗文化都能满足游客的好奇心和求知欲。

建辉村不只是“种”文化，也在吆喝着“卖”文化。留守妇女唱主角，在传统美食中增加文化创意元素，提高产品附加值。

马剑馒头是利用各种颜色的面粉，做出了形状和颜色各异的花式馒头，如玫瑰花型、蝴蝶型、南瓜型等。马剑发糕的原料增加了紫番薯、玉米、火龙果等食材，加入了社会主义核心价值观、“金山银山”、“五水共治”等主流元素。马剑长寿面加上不同果蔬汁后，做成了七彩面条。一些游客亲自参与制作，加强游客的粘合度。2017年，建辉村已成功创建3A级景区村，这不仅提升了村的知名度，也进一步吸引了旅客，增加了村民和集体收入。

出了马剑，我们继续前行，不到三个小时，我们飞驰来到富阳窈口村。湖源乡窈口村位于富阳市最南端，与诸暨、浦江、桐庐为邻，距富阳市区39公里，境内山势峻峭，深沟邃谷，峰迴水复，蜿蜒曲折的壶源溪贯穿全境，有着独特的生态优势，正所谓是山抱水环别有天。这里不仅独具旖旎的山乡风光，还有着深厚的历史底蕴。在抗战时期，窈口村曾是浙东人民抗日武装金萧支队的根据地之一。

我们停车参观。友于堂曾是当年金萧支队的办公场所，现在已经成了窈口村的文化博物馆。一楼后厅展示着水车、犁、风车等各种农用品。二楼，展现的则是一幅幅珍贵的老照片，黑白的颜色下是红色的革命资料。村里的腰鼓队经常活跃在田间地头。得益于浓厚的乡村文化氛围。窈口村被赋予省级“东海文化明珠村”的美称。

几年前这里几乎还是个无人知晓的偏远山村，但窈口人借助天然的水源优势、地理优势发展农家乐，彻底改变了它的面貌。如今，有不少游客慕名前来，尝尝这边的农家菜，体验恬然自得的田园生活。

常去村庄走走吧，村庄不像城里那样有机车轰鸣的喧闹、车水马龙的拥挤、难以企及的房价。到了村庄，你才恍然明白，你从哪里来，要到哪里去。到了村庄你才明白，这里是真正的家，是走向生活的起点和走向成熟的驿站。

行走翠绿岭北

2017年4月29日

我随诸暨浦江作协“行走岭北”采风活动归来，在电脑上整理自己拍的照片，真是一片绿色，绿得让人心疼。初夏的颜色岂是一个翠字了得？满目少女般的嫩绿青山，勾起了我对岭北的回忆。

8年前，也就是2009年前后，我还在《诸暨日报》当记者，曾参与边界行采风团，夜宿岭北小镇。当年是岭北最风光的时刻，家家户户都忙织机，处处闻机杼声，集镇上有时尚的卡拉OK、舞厅，还有操着不同口音的外来建设者。再后来，众所周知，为了保护生态环境，为了全市的饮用水源，岭北镇人民忍痛关停了数千台喷水织布机，一个远近闻名的纺织小镇成为历史。

作为“资深”骑友，我对岭北不陌生。一年中不下20次环石壁湖，多次飞驰岭北，到过最高的村：船山村。但多少年，我对岭北的认识仅在公路两侧的岭北村庄。

“清江一曲抱村流，长夏江村事事幽。”文人对自然的赞美，与百姓的日常生活是有区别的。岭北成为生态乡镇，保护环境成为重中之重，同时提高老百姓的生活水准是个不小的难题。为保护生态主动放弃纺织工业，缺乏财政收入的岭北镇，面对周边地区的强势发展，该如何在区域竞争中赢得一席之地，实现富民强村。岭北镇党委、政府立足资源规划布局，引入乡贤经济，唱响乡贤之歌，把这片绿水青山变成金山银山。

对此，这次采风活动的主办方——浙江华睿风投公司董事长宗佩民深有感触。作为一名“土著”岭北人，他告诉我们，他童年印象最深的就是家里很穷，吃不饱，穿不暖，当地没有什么产业，经济收入完全靠父母挑柴火、扎扫把、挑毛竹。

走出大山的宗佩民眼光自然不一般，宗佩民的梦想是把自己的家乡建成山区特色的运动小镇！宗佩民说，他的祖先来自义乌宗宅，据说是宋代名将宗泽的嫡系后裔。村里的孩子都是听祖辈讲宗泽抗金、提拔岳飞的故事长大的。所以，宗佩民说自己骨子里有精忠报国的基因，年轻的时候，很多人说他是“愤青”。20世纪70年代末80年代初，村里的人口只有120多人，年轻人和少年儿童居多。宗佩民是孩子王，凡是年纪比他小的，几乎都跟在他后面放牛、砍柴、做游戏。

听到宗佩民的大胆设想，我为之一振，太牛了！

身居大山的岭北祖先太有创意了，你看他们的村名，就可见一斑：金山湖、三洲、环城坞，还有宗佩民的老家——下院，感觉像西方国家的国会似的，呵呵呵。

走出大山的岭北人，成就了周晓光、宗佩民、韦福位等各界精英乡贤；而在家文化、孝文化熏陶下成长起来的他们，回报家乡成了时刻不忘的誓言。

有了乡贤的不断助力，岭北镇党委、政府展开了一场前所未有的旅游规划布局，以生态、健康为切入点，全力打造户外旅游特色小镇。

灵岩山景区属亚热带季风性湿润气候，四季分明，日照充足，温暖湿润，雨量丰沛。四周群山环绕，树木茂盛，山清水秀，景区内树木葱茏，植被完好，山林湖谷极具原生态之魅力。

近段时间以来，来自上海的手抓地图团队正在岭北的群山密林中穿梭、勘察。在不久的将来，一条国家级标准的登山步道将环镇而卧，一头接着文化遗存寺基坪，一头连着东阳江发源地之一，我市第三高峰灵岩山，从而将全镇山庄美食、高端民宿、农林基地、山水风景、文化留存串点连线，最终形成一线、两翼、多点的功能布局。

规划已经有初稿，正在修改补充。将来会围绕灵岩山，依托八个村开发八条山地徒步赛道，一条山地自行车赛道，与一条马拉松赛道，还有漂流、攀登与滑索等项目。

岭北地形独特，一山（灵岩山）、一湖（石壁湖）、九十九岗，是开展山地徒步、山地自行车、山地微马、攀岩、滑索、漂流等体育运动的好地方。

尽管旅游发展规划还在进一步推动，但假日经济已经在岭北引爆，六家农庄每到周末就会游客爆满，而独具特色的盐焗鸡，成为“舌尖上的中国”难得的美味，没有预定很难吃得上。为不断提升山庄档次，让更多的游客留下来，界头农庄、岭北山庄等正在向精品民宿靠拢。

站立的汉子就是宗佩民老总，从大山里出来的学子忘不了自己的家乡

出山仍在万山里

2017年8月12日　星期六　晴

旅游需要跋山涉水的气力，而骑游则只需完全放松的心情。稍稍收拾单车，寻觅一个山清水秀的好地方，全身心地与大自然化而为一，才是度周末的快乐方式。

诸暨乡村是骑行爱好者的天堂。骑行出游，从市区出发，沿着城西双金公路骑行道一路前行，沿途空气清新，风景迤逦。新城区内高楼鳞次栉比，尽显大气时尚；旧城区里老屋古朴雅致，尽显婉约风情。若是累了，你不妨停下来，探访沿途古老的村落。这些小小的村落，远离闹市，可以让厌倦了城市喧嚣的你，体验另一派乡间的悠然惬意。

今天我们要骑游的地方是有名的古村落——五泄镇藏绿村。听听这个村名都很有诗意，一查资料果然如此。明末，周氏从余姚迁入，初名“上六”。清代诗人杨有游五泄到此，因此地是五泄第一峰，诗人写道：“出山仍在万山里，家住学溪头第一峰。”长弄堂门口有“藏绿山庄”四字，故名为藏绿。

藏绿是有400多年历史、以周姓为主的文化古村。虽经沧桑岁月，但古建筑群依然随处可见。规模宏大、气势雄伟的周家祠堂，即是藏绿古村的象征和精华之处，在时间冲刷下，祠堂墙柱斑驳、灰尘累积。

如今在人们的心目中，古村藏绿变靓了。正因为它深藏在城市的“绿肺”中，依然保持着与众不同的质朴：幽静的青苔石板、古朴的门窗花雕、孤独的断墙残垣，以及那随处可见的一抹绿意勾勒出这个清新可人的江南村落。

在藏绿，除“谦吉堂”外，还有“崇厚堂”“乐循堂”“善述堂”“敦本堂”“福佑堂”“光霁堂”“崇德堂”等台门20多座。这些台门，虽然规模稍逊于“谦吉堂”，但结构相同、功能一样，都是“实串门”扼守，都用“长弄堂”相连。一个台门实际上就是一个房族活动起居、祭祀聚会的场所。正是这众多台门，使藏绿古建筑群落有了宏大的规模和不俗的气势。

位于五泄风景区旁的藏绿古村落一直冷寂无闻，近些年来才逐渐进入人们的视野。在这个古村落里，几十座百年古宅依山而建，古朴典雅，曲径通幽。不少老旧屋里仍住着乡亲邻里，淳朴善良，自得其乐。

祠堂，往往和祖先有着莫大的关联，也习惯性将其同祭祀画上等号。殊不知，和常人理解相悖的是，祠堂这种历史产物在历经岁月洗礼之后，反倒在不经意间担起了承载历史信息的“重责”。这样的“重责”有的因为建筑的消失而湮灭，有的却早已渗透到人们的风俗教化当中，历久弥新。此时的祠堂，更像是历史的凭证，完整地记述了那个曾经有过的辉煌和今天仍在延续的传奇。

漫步在周氏宗祠里，正门前东西两壁的“诗书世泽”“忠孝诒谋”石匾以及中厅上方的“进士”匾额，无一不在昭示着这座小山村曾经的重教兴学之风。

在藏绿村，我们有幸观摩“走进藏绿”大型图片展览，真正体验习近平总书记提出的“望得见山、看得见水、记得住乡愁”的古韵。

藏绿周氏宗祠2011年被列为浙江省文保单位，修缮后名声大噪。但是多年来古祠一直空荡荡的，每每看到远方来的游客乘兴而来，转一转就走，村支部书记周松苗总感觉不是滋味：祖先虽然留下了建筑和精美的木雕，可是，一目了然的地方留不住人啊！

近年来，诸暨市委、市政府把建设美丽乡村，挖掘传统文化，建设文化礼堂作为一项重要工作提到了议事日程上。村党支部书记周松苗和村主任周小伦意识到，机会来了！他们要借这个契机，利用各种资源和力量，把藏绿古文化挖掘出来，让来这里的游客感受到厚重文化积淀的人文景点的魅力。

史料记载，仅清一代，这个当时仅数百人的村落，就出了进士 4 名、举人 23 名、岁贡生 10 余名。据说，当年族内曾有四位子弟在全国考试中同时中举，一个小山村，仅 200 余年间就出了如此多的“学霸”，可谓罕见。

传统文化的深厚底蕴是藏绿的一大特色。为了留住“乡愁”，村干部多次到市区与诸暨市广电局退休干部周增辉和退休教师周文騄商量。2014 年底，市区的两位族人就开始酝酿制作大型展览一事。年逾八旬的周文騄不顾年事已高，拖着视力不支、腰痛不止的病体，翻遍了《光绪县志》《民报五周年纪念册》《周氏宗谱》等，搜集有关藏绿的资料。结合近年来社会主义新农村建设的成果，加上藏绿村族中热心社会公益事业的事迹，就这样，展览有了基本的素材，“留住乡愁”也有了鲜活的事例。两位族人从筹划版面到查阅资料，从撰写文稿到审定图片，从校核版样到现场布置，没日没夜地忙碌了整整一个月。2015 年 2 月 7 日，近 150 块展板、8 万文字的“走进藏绿”大型展览在藏绿村周氏宗祠如期展出。

“走进藏绿”展览将文字、照片、图片、图表有机地结合在一起，相映相衬、穿插成文，做到了全方位、多角度留住“乡愁”。“走进藏绿”以藏绿村族的座右铭“忠孝诒谋”“诗书世泽”为主线，以藏绿历史上的孝子义人，清廉为官者，在科技学术界有卓著成果及近年来乐于奉献、为社会公益事业慷慨解囊的族人事迹为展示重点，图文并茂、形象生动。其中有在父亲病榻前尽孝十九年的孝子，有宁愿自己官绩考评为下下等而不向百姓征收赋税的清

一抹绿意勾勒出这个清新可人的江南村落

官，有为王家井会义桥建造、县衙前学前湖疏通而奔走不息的“合邑义人”，有善举连连、被咸丰皇帝亲赐“乐善好施”的大善人。这些人的事迹真切感人，极具教育意义。同时，展览中还有人称“中国光学之父”的中国工程院院士周立伟、《辞海》编委会成员周颂棣及藏绿历史上的诗人词家的生平和成果介绍。在“村族灾难”中，展览真实记录了抗战时期日本飞机三次轰炸藏绿、两次进村扫荡的史实。展览告诉人们，从1941年到1944年，藏绿有30多位村民在日寇的屠刀下、奸淫中丧生，有10多位族人被日寇砍伤刺伤致残。

今年以来，不时有一批批游客赶来参观“走进藏绿”展览。特别是暑假，每天都有周边的大中学生前来参观。人们惊讶，藏绿这个不起眼的古村落竟蕴藏着如此丰富的文化底蕴。

大型展览“走进藏绿”的策划制作者告诉我们，留住乡愁、让乡愁存续人心，就是把传统的文化基因传递给我们的子孙后代。要让子孙后代铭记住那曾经的荣耀和辉煌，以使他们认准自己的精神家园，在现代化的进程中少几分迷惘和困惑，多几分奋发和努力……

重游千柱屋

2017年8月13日　星期日　晴

东白湖镇的千柱屋，我不知来了多少次，每年骑车环东白湖至少三十次吧。其实上周我和骑友老赵都去过了。为什么又要在这么炎热的天气重游呢？因为得知东白湖镇千柱屋原金牌导游蔡娟要接待一批从北京来的大学教授，机会难得，想听听导游对千柱屋的精彩讲解，所以冒着酷暑又来骑游千柱屋。

无数次经过千柱屋，已对美景失去了新奇。其实，每一个景区都有十分深厚的文化底蕴。我们现在看到千柱屋，似乎习以为常。要知道，经历数百年风雨的民居能保存下来真是奇迹。

20世纪80年代，诸暨电视台几位酷爱传统文化的记者最先向外界报道了，在东白湖镇（原来叫陈蔡镇）还有这么一片保存完好的古建筑群，引起了浙江省乃至全国文物界的关注，在20世纪末成功申报了国家级文保单位。不然真很难说，会有今天的千柱屋闻名于世。

说到千柱屋，游客最喜欢的就是能看到原汁原味的农家生活原生态圈。幽静雅致的民宅、书院、祠堂，各具风姿的老街、亭台、牌坊，古建民居散落在古镇里。它们或依偎于溪水之畔，或掩映于园林之中，以淡雅之美点缀一镇风景。

游客第一次进入千柱屋，都会发出内心的惊叹，都会被这精美大气的古代豪宅所折服，都会发问：这是谁建造的，为什么会造得这么漂亮精致？

蔡娟的讲解回答了游客的疑问，讲解中，她还会不断“与时俱进”，根据新的时事，融入新的内容。如在讲到“百马图”砖雕时，就会有新的解释：为什么只有53匹没有百匹马呢？因为这位工匠家里老人需要照料，他回家去尽孝了。这与当前宣传的孝道文化很合拍。

在现代人看来，千柱屋巨大、合围式的建构围起了一个家族、一个村庄，很有点“原始共产主义”的意味。其实，这是古人家族和谐在建筑中最好的演绎。合围是对外的，对内，大宅子把生活、繁衍安静地揽进门内，晴不见日，雨不湿鞋。一条条没有尽头的廊式屋檐，有序地组合着各个家庭的平等和发展。一个庞大家族麾下数以百计的小家庭，数以千计人在一个屋檐下生活，这是何等的壮观幸福！

金牌导游蔡娟（左一）正以她特有的激情和情怀诠释古建筑的文化“密码”

如今都市人，最新奇的还是可以在这里看到原汁原味的乡村百姓的生活。举眼所至，都是百姓原生态的生活。你可以看到东家今天吃什么菜，西家喝什么酒。一个院子里数百户人家一起生活，没有多少所谓家庭隐私，这种群居体现着中国传统文化的张力。长者抑或叫太公的傲坐在最尊贵的厅堂上，代表着这个世界的思想、灵魂，凝聚起了全部的力量。力量是外泄的，跨出门槛的那一刻，它带着尊严和荣耀，却把安定和繁荣安放在宅子。

我对千柱屋建构的敬佩，更多的是其建筑理念和工程质量。这么巨大的工程，数百年不倒，其防火、防水、防盗功能，让后人自叹不如。如果能在这百年古宅住宿几天，会是什么感觉？

近年来，越来越多的都市人发现了古村落与古宅独特的魅力，投资特色民宿。环东白湖可以称为具有“乡村田园风格”的骑行道路了。道路两侧大多是河流与农田，不光平坦易行，还可以将四周的田园风情一览无余。途中不妨到附近的农家小院体验一下轻松自在的乡村生活。因为它深藏在城市的“绿肺中”，让人们在一路前行中渐入佳境，将城市的压力和烦恼净化。

2014 年浙江省青少年自行车比赛在东白湖举行

有一种情怀叫喜盈天

2017年8月19日　星期六　晴

看到前两天的《诸暨日报》上的照片《西施之恋换新颜》，投资1.5亿元改造提升后的诸安线颜貌一新地展示在人们眼前。诸安线是诸暨市“北承南接”战略的重要公路，连接暨阳街道、王家井镇、牌头镇、安华四镇街，直通义乌市，是城市重要窗口。该公路全线总长17.594千米，作为诸暨市美丽乡村景观带南线“西施之恋”的支线提升工程，项目于今年3月底开工，经“一百天”奋战，于7月顺利完工。

就想骑车去实地体验一下。正好，好友孟老师约我去王家井参与一个喜盈天红心猕猴桃采摘节活动。说是来车接我，我说还是骑车吧！

于是就有了金盾车队这次难得的猕猴桃之行。

喜盈天红心猕猴桃产地在王家井镇凤仪村，这个颇有文化的村子，以曾拥有“鱼梁书屋”而闻名，也是迄今为止我国仅有的一座鱼骨建筑。坐落在王家井镇凤仪村溪南，原名“黄泥楼村”，因村子周围散布着大大小小的黄泥土墩，又以楼姓居多。后来，又有“萧绍十成，凤凰来仪”之说，遂改名“凤仪村”，平添了几多传奇色彩。

如今有了闻名全省的猕猴桃基地，一定要去看看！

早上6：30，金盾车友8人整装待发。年轻力壮的楼工说，这点路强度不够，还要去义乌大陈转一圈，又在街亭与王家井交界处翻了三处岭，其中翻了一个断头岭，即冤枉岭。不想在不太高的山上有这么长且陡的岭，耗尽了大家的体力。中午时分的天气又是十分炎热，不仅汗流浃背还缺水，上下来回跑冤枉路不少，怪不得小郭说今天比他骑“633”还要吃力。唯有我们的楼炯弟水壶也让给别人，仍然忍渴骑行于最前面，连续上坡丝毫不停脚，真可谓神力也。

第一次到凤仪村，想不到，诸暨还有这么高的山。

骑车上去，登临高山之巅，放眼这片蔚为壮观的千亩猕猴桃，确实令人吃惊：2010年前这里还是荒山野岭，7年时间，成为全省有名的优质猕猴桃生产基地，公司本着“种出中国品质最好的红心猕猴桃”的理念，开展精品水果生产试验与研究，拒绝化肥和农药。

还让我们想不到的是，农庄的庄主竟是美丽的女大学生——浙江财政学院毕业的潘海燕。原来这位瘦削美丽的女子就是传说中的庄主！当这位斯文的女性被介绍为是种了1000亩猕猴桃的农人时，我第一个感觉就是太牛了！

果然，主持人请出了潘海燕讲话：“我的眼中没有钞票，只有情怀。”这席话，打动了我。搞农业的谈情怀，少见！

这深深击中我们的痛点：现代技术快速发展，什么都是“高科技”，民以食为天的农业已被农药、化肥所污染，食品安全成为热门话题。

几年前，她丈夫提议承包一片荒山来种植最好吃的猕猴桃。凭着多年来商场摸爬滚打的经验，她知道未来有机农业前景广阔，大有可为。但出身农村的她也深知农业项目投入时间成本大、见效慢。彼时在上海将外贸业务经营得风生水起的她没想到，丈夫越玩越大，等她上山看时，猕猴桃园已经恍如一片绿色的海洋。

历经六年的磨砺，他打造出了位于王家井镇凤仪村的浙江省最大的千亩红心猕猴桃基地，接下来，就得看她的了。于是，一直拼搏在大都市的商界女强人一下子被拉到了这远离人烟的高山之巅——这一年，她的任务是销售已然丰收在望的30万斤猕猴桃。

为了配合销售，他们修了路，沿路顺势搭建了猕猴桃长廊，还在海拔300米的山腰开办了农家乐。

潘海燕这个追求完美的女子，一直都想要最好的，尤其是食品。她觉得，必须是最健康的、最绿色的、全无污染的，方能入口。正因为她自己是这么高标准要求生活质量的，所以她的猕猴桃遵循这样的原则。

我想，中国的农业就应该沿着这个方向发展，由一大批有理想、有情怀，还要有经济实力的成功人士来操办。这样，中国的农业就有希望了。

六年的时间里，她执拗地坚守着她对绿色和有机的底线：她坚持高山种植远离污染源；坚持施有机肥，用山泉水浇灌；坚持

纯绿色果蔬，都市人的最爱

不追求产量，拒绝使用膨大剂；坚持人工除草，拒绝草甘膦；坚持不喷洒农药而选择物理除虫；坚持先养树再养果，静等六年，才让树挂果。她执意用整整六年时间，并耗费几千万的高成本投入，来守护这一片绿色的希望。

功夫不负有心人，以如此匠心孕育的猕猴桃，虽然个头不大，但是表皮光滑，果肉细腻，汁水甜蜜鲜美，果然与众不同。

“喜盈天”这个全新的猕猴桃品牌，在丰收当年便取得了绿色食品证书、无公害农产品证书、浙江省名牌农产品证书，并一举斩获省农博会金奖，一时间名噪全省。

闲聊间，她又一次令我震惊了。原来，为了攻克纯绿色栽培小果多、产量低及防虫效果不理想等问题，她辗转遍访国内专家。看到大众对猕猴桃栽培过程中使用膨大剂、喷洒农药等现象均见怪不怪漠然视之的态度，她问自己，为什么国外能做到的事情，我们中国人却望而却步？于是，不撞南墙不回头的她转而寻找国外专家。

由于天气的原因，今年的猕猴桃开花时间非常集中，那几日，潘海燕和韩国专家及养护工人都争分夺秒地为果树授粉。看到她瘦小的身子站立在梯子上专注地授粉的照片，我的心被感动的潮水冲刷了一遍又一遍。

不知为什么，那一刻，我想到了鸟，那只无惧风浪于暴风雨来临前在海上搏击的海燕，那只衔着小石子却志在填海的精卫鸟，还有那只在涅槃中重生的金凤凰……有些时候，就是冥冥中有种注定，怪不得，那个村子叫凤仪——有凤来仪。

寻踪“中国第一抗战家族”

2017年8月26日　星期六

诸暨各镇乡街道正在建设党建品牌，街亭镇党委把所在的梅岭村傅氏家族“中国抗战第一家族”列为爱国主义教育基地。这对许多人来说都是很激动和新奇的事，一定要去现场看看。

趁高温有点退却，我和金盾车队五名车友兴致勃勃地骑车前往。

街亭镇离市区仅五六千米。穿过镇街，就是街新公路。新铺的柏油马路，公路两旁笔直的水杉树，路两旁田野五彩缤纷，特别令人赏心悦目。街亭镇正在努力打造都市休闲旅游区，地理自然环境优越，加上人文环境，人杰地灵，相信不远的将来一定梦想成真。

“中国抗战第一家族”爱国主义教育基地就在街新线公路旁，醒目的标志告诉我们，新华村梅岭自然村到了。

我们怀着崇敬的心情走进梅岭村。村头有一口塘，塘头有一株古樟树，古樟树有三百年历史，经历风雨洗礼，让人感叹不已，古樟树旁就是傅氏祠堂。

傅氏祠堂是近年来重新修复的，不少构件都是村民一个一个从田头、家里搬来的。梅岭傅氏家族为中国第一抗战家族的史料，也是有识之士从历史的尘埃中挖掘出来的。

诸暨梅岭傅家，一门四代共150人投军抗日，和中国宋代的

“杨家将”一样，应该算得上是中华民族一门忠烈。为了抗击日寇的侵略，整个家族走上了战争的第一线，上海吉尼斯总部正式向诸暨街亭梅岭傅氏家族颁发“中国第一抗战家族”的证书。

我十分感兴趣的是，梅岭村傅氏后代是怎么寻找到他们家族中的抗战老兵的？这是一种责任和胆识。值得一提的是该村村民傅海，他只是一家公司的普通员工，早年在杭州打工，知道网上有个浙江安贤园，有个抗战老兵的专题，身为抗战老兵后代的他感到自己有责任，要把父辈的抗战业绩写下来，流传于世，不能埋没在尘埃中！

傅海通过家谱，一个一个地找，一个一个地整理。诸暨市人民法院傅莹的外公傅林生也是抗战老兵，傅莹知道傅海找到不少家族老兵后，建议申报上海大世界吉尼斯之最。2015 年 11 月，傅莹帮傅海整理材料，向上海大世界吉尼斯总部申报——此时，傅海已经找到 150 位参加抗战的族人。真不是件容易的事呀！茫茫人海中能找到这 150 位抗战老兵。

据介绍，抗战期间，这 150 人中近 80% 是作战人员，其余的从事医疗、通信、飞机修理等。他们参加了淞沪会战、武汉会战、中原会战等，有近百人被授予尉官以上军衔，傅国芬被授少将衔。至抗战结束，有 14 人为国捐躯。

梅岭村老年协会会长傅汝彪接待了我们，领着我们参观了“中国第一抗战家族”基地，有上海大世界吉尼斯颁发的证书，有关于傅氏老兵的事迹介绍，有傅氏老兵的名单，还有来自上海、浙江等地抗战老兵送来的锦旗、书法作品等。

穿越时空，我仿佛看到硝烟弥漫，枪炮声犹响。国家存亡，民族存亡，当兵就意味着流血、牺牲。梅岭村周边四个村傅姓家庭不足千户，竟有 150 名热血男儿毅然参军上前线，一个家族这么多人参军抗日，在全国范围内，少之又少。

抗战时期，诸暨是浙江省参军抗日人数最多的地方之一。当年在国民革命军战斗力最强部队之一的74军中，诸暨人冯圣法一直做到了副军长兼58师师长，他在担任58师师长时，就带着一干诸暨老乡南征北战。另一名诸暨籍名将陈德法在任194师师长时，率部在镇海连续抗击日军登陆，在著名的镇海保卫战中击毙、击伤日军千余人。

胜利丰碑之下，有领袖的智慧和爱国将军们的运筹，但更多的是千千万万默默无名士兵的血肉、志力和精魂。

车友“强哥”留下墨宝

笔者走访“中国第一抗战家族”时，正是反映慰安妇历史的电影《二十二》上映之际，网络上以总票房1.6亿元的好成绩更持久地留在了人们的视线中。可是有网友在QQ空间上发现，电影《二十二》的人物截图被制作成了表情包。QQ空间发道歉声明，称该系列由第三方公司提供，现已下线，并将全面自查，然而却无法平息网友的愤怒。还有人在上海四行仓库纪念馆门前穿日军服装留影，因此教育年轻人了解历史、正视历史，已刻不容缓。

今天我们骑车、参观，就是要牢记这段历史，英雄者，国之干，勇士不死，其魂长存。

车友“强哥”也在微信上赋诗一首略表缅怀之情：“当年日寇逞凶狂，屠我黎民占河山。傅家子弟齐奋起，激战疆场洒热血。历经艰险与磨难，埋没英雄见天日。抗日事迹万口颂，香飘梓里传四海。”

附

街亭，是《梅岭课子图》的诞生地。古时街亭，是人们休憩的驿站。近年来，街亭镇党委政府充分发挥其独特的区位优势、环境优势和人文优势，以“建设美丽乡村、打造都市花园”为发展目标，大力发展休闲旅游产业，2010年成功举办了诸暨市首届“诸暨人游诸暨”乡村旅游节，打响了街亭“乡村游”的整体品牌。

100多名市作家协会、休闲登山协会、摄影家协会会员亲身感受“后花园”迷人的风光。沿途有河道、山谷、田园，山清水秀，环境清幽，山水相依，湿地生态美景，还有一个个各具特色的休闲农庄，让人们充分享受回归自然的乐趣。

据悉，街亭还将规划打造两条景观线路，供自行车、徒步、自驾、摄影爱好者游玩，力争成为生态休闲之都、人文宜居之镇。

春风十里，不如兰香剑茗

2017年9月2日　星期六

我想，多少年后，面对着石壁湖畔的高山，我一定会记得那次舍命骑行上山的“悲催”经历。痛并快乐着，这就是骑行带给人的极度享受。

早就知道兰香剑茗基地是有名的骑行天堂，曾举行全省骑行比赛，许多骑车达人征服过此山。应朋友的邀请，今天终于实现了梦想，骑行茶山，品茗，一向是我边骑边游的乐趣。

我们金盾中老年骑游车队一行六人雄赳赳地从城里出发。初秋的余威还在，顶头风给这次假日骑行带来不小的阻力。但是骑行者就是自虐者，身体的不适为的是心灵的快乐。本来周末，好好待在家里，看看电视，上上网，喝茶听音乐，生活多“适意”，我们偏偏要晒日头，出臭汗。有道是生活的乐趣各有各的趣，就看你怎么对待。

这几年在诸暨骑车就是一种享受快乐之行。主要省道上有了专业骑行道，公路基本“白改黑”，没有讨厌的石子路，少了爆胎的麻烦。

当然也有小插曲。骑至街亭，杨尚军发现我的车胎瘪了许多，幸好我们车队人人都是修理高手，下来补胎是小儿科，幸好车胎没漏，是气嘴漏气，也算小插曲。

仅用了一个多小时，我们就到了石壁湖大坝脚下。在三岔路口，有明显的路标，左边是义乌方向，右边是岭北，我们应往岭北方向骑。绿化林场在哪里？我们第一次来，都不知道。在石壁湖大坝脚公路旁边的指示牌误导了我们：距绿化林场 5 千米。我们还以为绿化林场就在村边的小山头上，以为这次骑行是“轻松加愉快”旅程。谁知道，终点在石壁湖畔的高山峻岭上！

这次骑行竟是一次艰难的行程。在石壁湖村理家自然村，上山只有一条路，我们先在村头小憩，空村不见人，但闻狗狂吠。房前屋后竟无一人，只有几只狗懒得理我们，在远处打量着我们这几个不速之客。

“哇，这里有野生枣树！”眼尖的大何发现了新大陆，第一个披挂上阵，在树上摘起香甜的枣子。真甜！

诸暨也出枣树？这让我们十分好奇，也许是主人无意中栽下的，也许是大自然无心栽插自然成活。这里山旷人稀，不然，这般美果哪会留给我们呢？

吃饱喝足，上山！

茶山顶上最适合养生、修道

绿化林场总部建在海拔 740 米的茶山上，上山的弯道山路仅 2 千米长，这意味着 2 千米要升高 500 多米，平均坡度是多少，脚趾头算算好了。我们是用脚踏车一脚一脚地踏上去的！

骑车多年，如此险恶的车道还是第一次遇到。上山的路没有缓冲地带，都是 10° 以上的坡道，转弯处还有 20° 以上的一级坡度，骑过一坡又一坡，何处是尽头？

东白湖镇香榧公园也在高山上，但路线长，10 千米爬高数百米，除个别特别大的坡度外，其强度不算太高。所以，骑行上山，不要光看海拔，还要看坡度。东白山高，但公路沿线坡度相对平缓，一般骑行者都能完成。

骑行者，最怵的就是不知尽头在何方。好不容易翻过一个山头，又有一个山头拦住你。体质稍弱的我，真是欲哭无泪。此时，气喘吁吁，上气不接下气，心跳一百八，天转地晕，几次跌倒下来，又上车，又下车……

我终于败下阵来，绿化林场，我算服了你。

所幸的是，我们金盾车队几位强手全程骑上山顶，为金盾车队争得了荣耀。

站在山顶，与浙东第一高峰东白山隔湖相望，山顶上风车高高矗立，很是壮观！

“最美的风景常在于崎岖的险峰。”我们所处的位置是陈宅镇石壁村东白山脉西麓的鹅泥坪顶，它的前身是诸暨市国有绿化林场，向远方眺望，山下的景色真是美得让人惊叫，美得如此任性！东白山脚下，是一泓碧湖，像一块蓝宝石，镶嵌在翠绿大地上，这是国家特大型水库——石壁湖水库，近处就是我们脚下的数千亩生态茶园。你用相机或手机拍，无论哪个角度，都像一幅浓墨重彩的油画。蓝天清澈如洗，我们却没有想象中的激动，只觉如此平静与放松、安静与祥和。站在山顶上，我深深地感到，费了九牛二虎之力骑上来、走上来，值得！

陈宅镇石壁湖村理家自然村，是著名的兰香剑茗茶叶基地，数千亩茶园，点缀着美丽的乡村。山顶上的平屋，全玻璃装饰，在绿山之间格外耀眼。这是20世纪70年代建的林场制茶车间，全泥打垒墙体，很有泥土味。经中国美院专家的设计，采用框式结构，坐在屋里，透过玻璃往外看，任何角度，都是一幅在宽宽的画卷中缓缓移动的山水画，很有现代美术的韵味。

窗口有书桌、茶几、书牍，休闲散淡的气韵，让人想起古人的隐居生活。我想，从古到今，在山村隐居，就是享受抚琴、读书和写作之乐。

兰香剑茗公司的茶艺师专程上山为我们骑友表演了茶道。运动后特别口渴，捧起茶杯，喝天然绿茶，一股特别的清香甘甜透过舌尖，瞬间漫过全身，真甜、真香。有人说，品茶要静下心细细地品，其实，在人体最需要的时候喝茶，更有感觉。而且在运动后口干舌燥时，清茶无疑是人间的甘露。

品完茶，就游览茶场。在天然生态休闲园有一种天然氧吧的气息。在兰香剑茗茶园内，零散地种植着250多亩野放茶，这些茶树除了春秋两季会有护茶员人工除草外，基本不会被打扰，但其茶叶口感却远远胜过了茶园内整齐种植的一般绿茶。

为了重新给现代化茶园营造最佳的生态系统，公司因地制宜地给茶树配置桂花、枫树、日本樱花树、毛竹等不同的植物，以改善茶树的生长环境，解决大面积专业茶园强光照、夏季高温、冬天寒冷等不利于茶树发育生长的问题。

2013年4月，电影《兰花香》在全国公映，而影片中茶园的主要取景地，正是兰香剑茗茶业有限公司所在地。兰香剑茗的茶叶基地位于东白山脉西麓鹅泥坪顶，主峰海拔740多米，而其大片绿茶、野放茶多在山腰之间，山间的清流急湍、茂林修竹造就了兰香剑茗的独特品质。

有了茶叶品质的保证，兰香剑茗开启了四位一体的销售模式——在茶叶基地，把旧茶厂改造成茶文化馆，用来现场售卖茶叶；通过阿里巴巴及淘宝店网络销售；在城区开设茶叶专卖店；开办茶道文化馆，在让消费者现场品尝、赏茶的基础上，培养新的消费群体。

最让我们感怀的是绿化林场老场长陈高水，今年他已经70多岁，从20世纪60年代起，扎根绿化林场。半个世纪来，他守护这片林区，经过几十年的发展，目前已拥有香榧100亩、有机茶250亩、板栗50亩，毛竹林1100亩、苗木基地180亩、杉木林1000亩，其余都是亚热带常绿叶林，其面积约4000多亩，真是一座绿色银行！林场已注册“兰香剑茗”茶叶品牌，获得“省林业科技示范户”称号，陈高水本人也被国家林业局评为“全国优秀护林员”。

东风时拂之，香芬远弥馥。播撒辛勤汗水守护绿色屏障，绿水青山就是金山银山，绿色发展才是必由之路。我们肃然起敬，50年，人生最美好的年华，献给了绿色事业。为了守望一泓清泉，一座山林。老陈他们斗酷暑，战严寒，昼夜守护着绿化山上的那片绿色屏障。在保护区内，一草一木，一鸟一兽都受到保护。

人生一世，草木一秋。一个人的成功有多种，有创造财富的，也有创造精神的。陈高水，这位普通人的一生，与高山绿水相伴，为我们留下一座绿水青山，这是何等的荣耀！他用亲身实践，为习总书记提出的“绿水青山就是金山银山”的科学论断提供了实践样板。

先生之风，山高水长

——走进何周轩藏书楼

2017年9月6日　晴

在诸暨的骑行版图上，阮市镇很少为人关注。也许是这一带一马平川，少山丘，少名胜。但是，今天骑行路过阮家埠村，热情的朋友介绍我们去阮市镇文化街一号“何周轩藏书楼”，让我们喜出望外，也领略到诸暨籍文化名人的魅力。

这是一幢外形酷似台北历史博物馆的江南小院。大门紧闭着，平时很少有人准许进入。我们等了许久，请来了看护小院的何大伯，他热心地为我们开了门。

一进入大院，我们心好兴奋，似乎进入了历史文化博物馆。“何周轩藏书楼”的原主人是何浩天，他祖籍阮市镇，于2009年逝世。生前为原台北历史博物馆馆长、台北辅仁大学副教授、美国纽约圣约翰大学亚洲学院研究员、韩国汉城明治大学荣誉文学博士等。如雷贯耳的文化大家呀！

先生之风，山高水长。多次在媒体上看到何浩天的名字，今天能近距离参观他的故居，让我感到特别幸运。

何浩天，1920年出生于阮市镇阮家埠村。10多岁时，随父离开故乡，赴杭州求学。18岁投笔从戎，抗战14年，就连父母去世，也不能回家奔丧。1948年，何浩天去了台湾。1955年，何浩天应聘筹建台北历史博物馆，先任建馆主任，后任馆长，从34岁一直到65岁，把人生最宝贵的年华都贡献给了中华文博事业。

虽然远离故土，何浩天从未忘记家乡的亲人。只是碍于当时的官方身份，不便回乡。退下来后，在1991年，何浩天终于踏上阔别40余年之久的故土。此后每年，何浩天都会返乡探亲，一住就是一个多月。他萌生了在老家建一座“藏书楼”的想法，为实现这一愿望，他给自己制定了一份十年规划，先后卖掉了台北的一套房子，典当了夫人周建藩所有首饰，在阮市乡村建起了“何周轩藏书楼”，其藏书来自台北他的私人收藏。

走进“何周轩藏书楼”，仿佛走进中华传统文化的艺术殿堂。院内艺术作品琳琅满目，不仅收藏了一些书画家的代表作品，还珍藏着平素难得一见的珍贵书籍，如《故宫宋画精华》《故宫宋瓷图录》等。而于右任、陈立夫、游三辉等名家的500余件书画真品及大批中外文书籍以其珍贵的艺术价值和收藏价值，使此楼熠熠生辉。

为了建好“何周轩藏书楼”，何浩天力邀台湾著名建筑师林弘政博士精心设计，从选址到设计，从取名到布局，藏书楼和花园中的一径一桥，一栏一亭，他都亲自命名，赋予它以文化内涵。为了使室内陈列更趋合理而富有美感，何浩天不顾年迈体弱，不厌其烦地一次又一次地亲临现场布置，并一批又一批将台北家中的藏书运抵阮市。经过几年的建造，一座堪称艺术殿堂的藏书楼挺立于阮市乡村，取名“何周轩”。

只见庭院深深，园内种植了许多珍贵的树和花，还有石雕，由何浩天的儿子管理，他在上海，平时请何老伯照看着。

何老伯还赠送了我一本何浩天生前的著作《中华瑰宝知多少》，这是一部艺术集锦，汇集何浩天先生几十年来为艺术家或艺术品所撰写的文章和图片。这是一部故事集，文中展示了上百位艺术家艺术生涯中最精彩的故事，读起来生动精彩。翻开此书，在《王农——“牧野雄风，万马奔腾”》一文中，开头写道：“遥望大漠平沙，漫漫万里；俯瞰内蒙古草原，青青无际。牛羊成群，时见于风吹草动之间；骆驼结队，每闻于铃声人语之际，或则牧野马嘶，奔驰潮涌；或则塞外雁落，比序云横。此情此景，旷远绵邈，足以激发靖边卫国之志……”文字何等洗练、博深，难怪刘墉等文化名人都为之作序。

何浩天先生已仙逝多年，能获得他生前的著作，仿佛先生就在眼前。据说2009年暮春，何浩天去世时，美国纽约的《世界日报》用一个版的篇幅，刊登了中国文化协会为台北博物馆原馆长何浩天先生的挽联：浩然一介书生，坦荡英名垂华夏；大佑万年文物，清廉美誉耀子孙。这是一位从西施故里诸暨走出的杰出游子，一位在海内外享有盛誉的文史大家。我深为自己的家乡感到骄傲。

一方水土养一方人。阮市镇阮家埠村能培养出何浩天这样的文化名人，一定有深厚的文化背景和底蕴。希望有更多的骑友常去“何周轩藏书楼”看看，沾沾文化灵气。

阆苑仙境骑行记

2017 年 9 月 10 日　星期日

一个是阆苑仙葩
一个是美玉无瑕
若说没奇缘
今生偏又遇着他
……

红楼梦的主题曲，让人百听不厌，偏偏有个地方叫“阆苑仙境”，就是诸暨市应店街镇一个叫紫阆的小山村。趁休息日，我和骑友重游紫阆。

紫阆，偏隅于诸暨西部的一个山村，又名紫苑，中有阆山，山上风光苍紫，环山如城，故称“紫阆”。

和其他江南村落相比，紫阆在诸暨的名气从来不小。自古便有“阆苑仙境”之美誉：流光溢彩的银杏古树群、千姿百态的玉京洞、颇具争议的“富春大岭图”原址、宛若仙境的紫阆山水……应店街镇 12 千米的应紫线，作为一条南北向主轴线，串起了散落的一粒粒“明珠”，释放迷人的风采。

如今的乡村变化可真算得上日新月异，变化让人目不暇接。每次骑行都有新的感受。一年没来紫阆，就让我们惊叹：青砖黛瓦、徽墙木屋，古色古香、干净整洁。近期，经过修缮的应店街镇紫阆村明清古街也已开放。

骑行到紫阆村头，就是近年重新修复的“长春岭”古城墙，这是传说中的古道。

紫阆古村，位于现紫阆村的中心地带，由57栋古民居，明清古街、古亭、古桥等组成，总面积约4万平方米。古村始于明清时期，至今保存尚可。走进村落，我们屏住呼吸，生怕惊醒这座古老村落的梦。其实这座古村沉睡的细胞正在被一场古村改造行动激活，古村的庸容逐渐褪去，产业创新的动力正在焕发激情。

长长的青石板路，把一座座古老台门连在一起。游人步入村道，满是惊讶。目不暇接，都是有着深厚文化沉淀的古建筑。随便推开一个院子的大门，都是文物级的宝贝。

天宝福，两层木结构的四合院式建筑，是画家徐淡仙的故居。徐淡仙（1852—1908）是清代俞曲园的得意门生，精通六艺，笔墨绝妙，尤其擅长画墨兰，有《百兰稿》存世。徐淡仙的画自然清俊，笔墨点滴处，根俏叶秀，神韵毕现。他的《百兰稿》被称为“传世之代表作”，画稿有俞曲园题序和当时数十位名家的题跋，现藏于中国历史博物馆。在天宝福里，还藏有《百兰稿》的复制版。

天宝福对面就是徐氏宗祠，整座祠堂是完完全全的清代建筑。与其说这是一座古建筑，不如说它是一部厚重的家族史。相传，南宋时期徐氏先民为躲避战乱纷争，一路南迁，来到紫阆定居下来。走进祠堂，高悬梁上的十余块大小不一、形制各异的匾额格外显眼，尚书、将军、院士、文魁、长海铸剑……这些字体雄健的牌匾，见证过无数名家学者，承载着岁月的沉重和家族的辉煌。

清代古居秋记留馀堂，为一间四合院的中厅，进门抬头可见一块木匾，上有宣统元年浙江平阳解元叶聊芳题写的“留馀堂”三个大字。雕栏画栋做工精致而考究，从前，这里是村子里办红白喜事的重要场所。四合院里除了留馀堂，其他几间屋子都尚有村民居住，其乐融融，安静惬意。

一个小小的村落就有如此多的文化，让我想起新的流行词：文化自信。习近平总书记在2014年全国两会期间指出：体现一个国家综合实力最核心的、最高层的，还是文化软实力。在庆祝建党95周年大会上，他强调文化自信，是更基础、更广泛、更深厚的自信。文化自信是更基本、更深沉、更持久的力量。在提升文化软实力上更进一步、更快一步，努力建设文化浙江。文化自信的浙江篇章，不仅将滋润这片沃土，为人们的心田注入甘霖，也将为国家文化事业发展和软实力提升增添光彩。

乡村的美是需要懂得美的人来呵护的。我们是否在倡导一种全新的生活方式的同时，创造出一系列独特的乡土文化保护措施，一种和拯救老屋行动呼应的乡村美学？乡村不是只有“农家乐”，乡村还有山河和众生，有蓬勃的生机和我们的性情与自在，有我们的生和死、苦难和悲痛、过去与将来……岁月静好，现世安稳，村民的生活像村边的河水一样悠悠地流淌。

让我们聆听民族根脉的历史回响。

穿行在秋天的风景

知音如不赏，归卧故山秋。

——贾岛《题诗后》

2017 年 11 月 11 日　星期六

今天是“双 11”，全球网友购物狂欢节。然而，这对我们来说，又算什么？我们只关心今天是不是骑行的好天气。眼下就是“未觉池塘春草梦，阶前梧叶已秋声”的美好秋季，约好，我们去乡村骑车！

今天我们要骑的是东部山区的乡间道，有相当的强度，也是资深骑友喜爱的一条线路。从街亭穿过，到东白湖，进入西岩、施家沿，翻过山到斯宅，全程 88 千米。

“多少天涯未归客，尽借篱落看秋风。”秋天真是一年中最美的季节。我和赵钱吕、袁德旺、金卫牛四人兴冲冲从水务集团出发，一路往东进发。

诸暨东部山区是有名的香榧、茶叶之乡。这是一方神奇的土地。有文人写道：东部越大山欲于天姥试比高，西北齐鲤尖龙门一跃望埤中，南边走马岗凌云追月气象万千，北方杨树湾也挡不住习习而来的钱塘春风，狮象“二山对持杰然，为兰台锁匙”。而上谷溪牵牛花般地在大山深处穿行，合上阳溪与钟家岭水成皂溪，扑出山口谓之黄檀溪。山势水运际会会稽小盆地，一条黄檀溪孕育出赵家当今文明：两遗三千胜景，香榧风情小镇。

赵家镇因香榧而出名，但人们习惯统称为枫桥香榧，因赵家原属于枫桥大区，真正好的香榧只出自赵家那一片会稽山脉的深山老林中。

我的好友何仲尧写道：赵家镇的历史可以追溯到第四次冰川期的三次海侵，海侵时古越先人择高岭而居，会稽山脉周边水天一色。4000多年前海退人出大山，但是部分越人故土难舍，后来各姓先民也纷纷避世于此，祖祖辈辈扎根在这穷山恶水，与天地而斗，其心乐然，铸就了坚韧挺拔的大山般的性格和勤劳勇敢、守信尚义、自强不息的民族之魂，创造出赵家镇厚重的人文历史。这里有越国古都大部及勾践种树的史载，这里更有西施巧破香榧、书圣欣然题书香榧的传说，这里有始皇帝御口赐“香”、乾隆金口封“御榧”的典故，这里更有济公为建净寺缘木黄四潭及香榧与七仙女的神话故事……

香榧已成为山区人民致富的希望，沿路都可看到成片的香榧苗种植基地。可以想象，再过若干年，香榧面积成倍增加，到时香榧价格会不会暴跌？我是不是有点杞人忧天？

秋天，那简直就是灿烂色彩的大交响。那么多种的红，那么多种的黄，被灿烂的阳光照亮。在西岩，最美的就是秋色，五彩缤纷的山体，背景是蔚蓝的天，太美了！我忍不住停下车拍照，此刻真有“独寻人去后，寒林空见日”的意境。

骑行中，最诗意的就是穿行在古村落中。东白湖镇就藏着不少古村落，会让人产生无端的遐想。西岩，有些村名就足够让人惊艳：雄踞、日溢、琴弦……我们的祖先怎么取出这么诗意的村名的？驴友在这些古村落里行走或远望，俯仰之间，感受山的深秀、云的壮阔、老树的无言沧桑。最是感怀那散落其中的民居，黄泥墙耀目，白墙黛瓦朴素，黑石墙基粗犷，这些和山水自然浑然天成的村落一级级沿着山坡向上延伸。

我想，这样的美是可以接通心灵的。我的脑海里不由地想起关于故乡的“赞美诗”，来自熊培云散文《追故乡的人》：“乡村是一道道通往天空的山坡。没有那些杂草丛生的山坡，我不仅难以依偎地球，而且真的无法抵达天空了。”

诸暨山区小村庄蛮有特色，群山环抱中的小村庄，清一色的粉墙黛瓦，明朗素雅。田野里一片绿油油的麦子，像绿色的地毯一样。一畦畦蔬菜鲜翠欲滴，体态丰满的鸡妈妈带着一群小鸡在菜地里觅食，高傲的大白鹅优雅地踱着方步，小黄狗在温煦的阳光下眯着眼睛慵懒地打盹，更有少见行人的土狗狂吠着“迎接”我们。

小山村是安静的，清澈的河水潺潺地流着，几只鸭子浮游水中，不时扎到水中去觅食，水面泛起一圈圈气泡。两岸都是茂密的树木，树木吮吸着大地的乳汁，郁郁葱葱，枝叶扶疏。这里有几近消失的田园风光，如同被时光遗忘的世外桃源。大美不言，可涤心养气；大美难言，仰赖审美力的提升，而自然界是最好最直观的自然课堂。

“登上繁霜尽是心头血，洒向千峰秋叶丹。”我们终于登上海拔 755 米的高峰。骑到山巅，一股豪气冲天。

登山、冲山是骑车人的最爱。你骑与不骑，山，就在那里。山峰是那样美丽，沉默不言，总是吸引人去到它跟前。看它，读它，体味它，从那样的高度眺望一下世界。杜甫诗说“荡胸生层云，决眦入归鸟”，追求的就是这样一种雄阔的体验。

上山容易下山难，骑车同理。临行前，队友楼兄提醒道，东白湖镇的龙门山道路不好，下山要注意！

果然，下山的路况很不好，犹如搓衣板，且都是很硬的石子路，不时有坑坑洼洼，撞击着下行速度很快的车胎，震得手都发麻，但绝对不敢松手。这是下行 20 度的坡度呀！一不小心，就有可能掉入百丈深涯，这不是戏言。经过几十道弯道，终于到达平原村庄，我们这才大大地舒了一口气，紧张的心才放了下来。

说来也怪，人就是喜欢这样的挑战过程，需要这样的“杀白细胞”经历。经历危险的骑行后，人会有一种莫名的快感。所有的运动项目其实玩的就是心跳。大脑在运动后会产生一种名为内啡肽的物质，它能让人感到欢愉和满足，甚至可以帮助人排遣压力和不快。但并非所有的运动都可以产生这种效果。内啡肽的分泌需要一定的运动强度和一定的运动时间。人就是需要这样的冒险经历，也只有勇士才配得上这样的荣誉。

这也许是骑行为什么风行的原因之一吧。

与秋天有个约会

春风不改旧时波

骆介平

2018 年 5 月 21 日　星期一

忽如一夜春风来，诸暨东部山区已成为都市人户外运动休闲圣地，以赵家千年香榧公园为主线，每当周末，赵家镇山区公路上车来车往。

我是骑行爱好者，多次骑行赵家镇榧王村，每次都是从相泉村上山，一直没有好好地关注这个位于香榧公园门户的古村落。

我的朋友是相泉村的联村干部，初夏的一天，邀我去相泉村采风。停了车，闲步于村里的小路，我惊诧，半山腰的村庄林壑秀美，晴空湛蓝。慢行于山腰丛林间，使人有屏蔽尘世的宁静，给人以流连忘返的眷恋，叫人从心底升腾起“行到水穷处，坐看云起时”的置身世外、逍遥人生之渴望！

第一次走进相泉村，很是有些诧异的，冥冥之中似乎与古村有约定，似乎多年冷落的朋友，一下子重新投入怀抱。这是一个典型的小山村，三面环山，一条乡间公路联系着外面的世界，村庄很小，只有两个自然村、三百来户人家、一千多人口。这里看不到千柱屋那样有气势的古代豪宅，也体会不到在拱桥下泛舟的水乡幽情。但是，小村到处是卵石铺成的小路，还有以卵石作墙垣的民宅民居，暴露原木本色的宽阔的厅堂，处处散发着山村的粗犷与清新。

老支书领着我在村里转悠，边走边诉说着村庄的历史。相泉村原名应家峙村，为纪念革命烈士何志相、张雪泉，1949 年 11 月改名相泉村，这是诸暨唯一以烈士夫妇命名的村庄，我想，这样的红色革命爱情村应该全省也不多见。我油然升起对烈士夫妇的崇敬之情。

老支书带我去瞻仰了何志相的故居，这是幢很普通的民居，想象烈士当年从门前的小路走出去，求学闹革命。

如今的相泉村，风光旖旎、四季如春，没有工业化的污染，没有大城市的喧嚣。在村头漫步，感受到的是一种别样的悠然自得，清新且和谐。古村落里几乎每家每户都养着猫猫或狗狗，它们懒洋洋地晒着太阳，亦或是漫步在小道间。可爱的小生命寓意着祥和，用眼神提醒着路人，放慢脚步会发现更多，穿越千年的历史，见证了平凡和朴实。斑驳的墙瓦掩藏了曾经的繁华，让人感叹人间的岁月如梭，寂寥的破屋诉说着柔肠百媚的故事，砖瓦间窜出的绿色显露着生生不息。走在村舍中，也会遇见农家乐，安静得像村里的寻常人家，当你跨入门口，就感觉是走亲访友。只是，屋里的村民会热情地招待你，一杯茶，一声问候，且无论你是否要用餐。

老支书说，相泉是个好地方，不仅盛产香榧，还是诸暨短柄樱桃的重要产地，还出产无公害绿色有机茶叶、柿子、板栗，还有数千亩山林待开发，再过几年来看，相泉一定会更富裕美丽。

“惟有门前镜湖水，春风不改旧时波。”我望着远处的山头，忽然想起这句古诗。春风吹过，山上开始有了新绿，柔和，清灵，温莹，碧透，那是春天特有的色彩，看到这样的绿色，就会明白水和生命的联系。相泉村，在千年时光的浸润下，在烈士英灵的佐护下，相泉的明天一定会更美好。

尽享东白湖“慢生活”

2018年6月16日　星期六

这是我退休后第一次骑行。

“出生”于20世纪70年代的特大型水库——东白湖注定要成为现代都市人“慢生活”的圣地。

东白湖原名陈蔡水库，因坐落于东白山下而易名。东白湖建于1977年，1985年竣工，控制流域面积187平方千米，库面面积达4平方千米，总库容1.164亿立方米，为浙江省重点水利工程。湖面四周青峰屏立，林木苍郁欲滴，山色水色天色如明镜般澄明清澈，整个景区犹如碧玉妆成。

说起东白湖，老一代诸暨人总有一种特别的情感。不光因为它是全市人民的饮用水“水缸”，更因为当年诸暨人是靠人拉肩扛，把数百万方土石垒成几十米高的大坝，所以有人称东白湖大坝是“纯手工艺品”。登上大坝，你能想象到当年有多少人在这里挥汗如雨，汗水一定渗透脚下的混凝土，让大坝经历40年岿然不动！

随着生态环境的改善，东白湖越来越像一位成熟的少女，浑身散发出“性感”的魅力——潋滟的湖光，空蒙的山色，古老的民居，淳朴的乡情……越来越多的人将目光投向于此。在这里沐上林溪清风，啜瀑布岭仙茗，听东白山传说，受当地人款待，着实是十分惬意的生活。

环东白湖的魅力在于“慢”：从大坝出发，途经殿南、新上泉、斯宅、东泉岭、湖山、五峰、陈蔡等村，回到大坝，全程约23千米。如果汽车四个轮子转一圈，用不了15分钟；如果用自行车两个轮子，浙江省骑行大会最快的车手的纪录是36分钟；如果两条腿疾行，三小时内应该可以完成。这23千米的环湖生态路，给人以无限的遐想，集湖光山色，人文景观，风土人情于一湖，每次环湖都有新的发现和感悟。

前几年，一位绍兴籍领导在诸暨工作时，他第一次踏进东白湖，环湖步行一圈，从此竟欲罢不止，每个月末都要环湖步行一圈。在诸暨工作的几年中，他环湖步行竟达80多次！他每次都以不同的心态来步行，用不同的眼光来欣赏：无论春夏秋冬，还是刮风下雨，甚至下雪天，他都去用脚板来丈量东白湖的土地，用心感觉不同季节东白湖的美景。他向朋友表白，一生中要环东白湖100圈！

2011年4月，浙江省骑行大会在东白湖举行，300多位来自全省各地的骑手在环东白湖乡村道上开始“处女骑”，东白湖那未经雕琢、原始的田园风光第一次呈现在人们面前，撩开了东白湖美丽神秘的面纱。

三毛有句名言：“一个人至少拥有一个梦想，有一个理由去坚强。心若没有栖息的地方，到哪里都是在流浪。”东白湖是个寻梦之地，她的秀美山水、历史人文及风土人情，让人痴迷其中。东白湖生态旅游区已成为都市人心目中的“慢生活”圣地。每当周末，城里人会开着私家车来到东白湖大坝脚下，把车停放后，或骑车、或走路，尽享慢生活。这里还是诸暨马拉松爱好者的训练基地。

让我们随着车轮去环东白湖吧。

走近东白湖镇，坐落着一个如诗如画的村庄——陈蔡村。这里，春天沿着东白湖边漫步，两旁樱花随风飞舞，万亩油菜花齐开放，游客徜徉流连；夏天，油菜花谢结菜籽，村民们辛勤劳作，用传统古老的工艺压榨菜籽制油，在网上受到了消费者的热捧；秋天的浬斯线上，向日葵热烈燃烧，村内菊花形态各异，静静绽放，散发出淡然幽香；冬天来看湖，皑皑白雪一片茫茫，远处山峦上千年古刹大雄寺庄严肃穆，东白湖天光水色，交相辉映。

登上大坝后，转过几道弯，转眼见到旗山寺，这座千年古刹昔日被称为崇先庵，始建于五代后晋开运二年，后被毁寺全废。遗存基地五间，现寺庙为释常顺法师所建。寺院后的森森幽谷，为浙江大学植物基地，这里是诸暨市铁皮枫斗育苗基地，已初具规模的诸暨市铁皮枫斗产业就是从这里启动的。

再往前行，就能看到青砖黛瓦、炊烟袅袅了，我们进入了东白湖的民居村落。近年来，我市把东白湖生态旅游区划定为诸暨市“旅游大三线”东线区域。东白湖生态旅游区管委会和东白湖镇人民政府根据“中国美丽乡村”建设规划，制定出《东白湖镇“中国美丽乡村”建设总体规划》，确立了“一心两带四片”的推进模式，建设镇政治、经济、文化、商业中心；建设东白湖至西岩休闲旅游观光带、东白山自然生态保护带；把东白湖片区打造成沿湖休闲观光区，把西岩片区打造成农家乐观光体验区，把小东片区打造成现代乡村风貌区，把斯宅片区打造成传统民俗文化区；加强千柱屋、浙东第一峰、天然氧吧、千年榧林和油菜花节等东白湖十景的宣传和推介，通过旅游来带动经济、发展三产。

到了斯宅村，千柱屋、笔峰书院、华国公别墅、斯民小学等清代建筑群不得不看，精致的明清朝代建筑，精美的木雕和砖雕加上令人惊叹的人文历史故事，让人惊艳感叹。东白湖库区的魅力就在于既有人文底蕴，又有自然美景，让人目不暇接。

对骑友来说，环东白湖最迷人的地方还数东泉岭。它位于蔡义坞和斯宅交界处，海拔不过 300 多米，但山道弯曲，坡道陡险，长不过 2 千米，高度陡升 150 多米，骑车上去必须付出“洪荒之力”。

笔者曾亲眼看到一名骑友在比赛中猛然用力，竟把自行车链条扯断,可见骑车翻岭之艰难。同样,步行至此,你得付出10倍的力气。付出的是汗水，痛苦的是肢体，愉悦的是心灵。登顶成功后，你会有一种如释重负的感觉，环东白湖之行从此一马平川。

2012年的一天，上海白领女子凌放第一次来到东白湖，对这个山清水秀又人文底蕴深厚的山村一见钟情，她特别喜欢这里的山水，自然，秀美，空气特别清新，还有斯民小学，想不到竟然有百年的历史……2016年4月份，她竟辞职来到东白湖定居，为东白湖的小朋友创办乡村图书馆，天天走在东白湖的乡间小道上。她在微信朋友圈里写道：我在东白湖过上了早上早锻炼，晚上晚锻炼；阳光，鲜花，雨露；图书馆，音乐；一块五的包子，免费的笋尖：我想不出还能有更好的日子。

骑行东白湖，人生的思考就会有新的收获：让我们的脚步“慢”下来吧！让我们找回失去的时间！让我们的生活变得更加精彩！“慢生活”是一种时尚，是放慢幸福的脚步，慢慢咀嚼生活的每一个瞬间，感受一种回归自然、轻松和谐的意境

据说，人的一生中至少要有两次冲动，一次为奋不顾身的爱情，一次为说走就走的旅行……来吧，让我们背起行囊，来一次说走就走的环东白湖之旅吧。

亲近千年香榧林

王晓铭　骆介平

2018 年 9 月 2 日　星期日　晴

眼下正是名果香榧出品时节，整个赵家镇仿佛空气中都飘浮着香榧的奇特香味。

骑车游览香榧林，一定别有风趣。边骑边看，边骑边闻香榧的独特香味，我们一路飙车到赵家镇，右拐进入林区，追随着千年香榧精灵。

不一会，我们到了香榧森林公园。抬头仰望，从山脚到山顶，视力所及一片墨绿。拾级而上，沿途都是一株株香榧古树。根据世界卫生组织规定，清新空气的负氧离子标准浓度为每立方厘米空气中负氧离子的含量为 700 至 1500 个，而这里每立方厘米空气中，负氧离子含量竟高达 60000 个。“来这里呼吸饱含‘维生素’的空气，不虚此行。”一位骑友惊叹道。

骑车行此，我们弃车步行，走进榧林古道。古道用大小不一的鹅卵石铺垫而成，虽经千年风雨洗礼，但它依然坚固如初。古道两旁 1700 余棵香榧古树连山成片，姿态万千。树上已结了小拇指般大小的青果，沉甸甸的果子将树枝压弯，稍微一抬手，就能触摸到果子。陪同我们的主人对我们说：“夏天树底下特别凉快，搬个椅子，泡一壶茶，可以坐上一整天。”

诸暨市赵家镇香榧林最有名的还数西坑村。我们继续骑车前行，付出浑身汗水和体力。行至山顶，再转几个弯，便可一睹诸暨地界千年“榧王”的风采。

“榧王”真有王者之气。一株千年古树“霸占”数亩山地，远远望去就像一片磨姑云，让人由衷地发出赞叹。据当地村民介绍，这棵香榧树已有1300多岁，是10年前林业部门进行古树名木调查时测定的。眼前的榧王，看上去依然郁郁葱葱，生命力非常旺盛。根据现场一块牌子的记载：此树高18米，树冠直径26米，覆盖面积达1.2亩。胸围9.26米，要6个大人才能合抱。

这犹如香榧业界的“大熊猫”，可见其珍贵。在承包人的悉心照料下，这棵香榧树的产量稳步上升，每年青果的产量可达到500公斤左右，最多的一年达到800公斤。2008年，诸暨一家著名的香榧生产企业找到了承包户，以每年10万元的价格收购“香榧王”产出的香榧，而且不论产量多少。同时双方约法三章：“香榧王”的香榧必须正宗，且完全成熟后采摘；采摘后单独存放；不施化肥、农药，必须用有机肥。

在千年树木中获得生命的能量

听到这个传闻，我们只能会心一笑。这是传说中的“御果”吧？

其实，在市场经济中，任何物品都是以稀为珍贵，毫不奇怪。当然也需要“炒盘手”来炒作。“榧王”的价格也好似香榧市场价格的“标杆”，正是它的高贵造就了诸暨枫桥香榧的价位高就不低。

这几年，赵家镇不光是卖香榧，还卖空气、卖环境。农家乐，民居如雨后春笋出现，也是赵家镇一大特色。赵家镇引导区域内民宿向个性化、全方位、品质化的方向发展，逐步推进管家式服务。香榧森林公园度假村已引进专业团队营销管理。传统农家乐樱花山庄、香榧森林公园度假村、校尉庄园、杲杲山庄、翠生园等五个点的提档升级已着手开展，以期实现资源优化配置与优化再生。

对于骑友来说，好消息还是赵家几个村都新建了“榧乡驿站”，这些驿站的主要功能就是免费服务平台，免费提供信息咨询，比如赵家的旅游路线，提供农产品销售、农家乐（民宿）住宿餐饮等信息，也可提供免费手机充电、免费开水，博爱医疗，等等。

在榧乡骑行，就是体验一种慢生活。让生活慢下来，是紧张劳作的间隙给自己一个深呼吸，慢是疲惫的一天结束后还自己一个安然的睡眠，慢是连续加班快餐果腹后犒赏自己一顿美食大餐。

在榧乡，用心去享受生活的美好，享受每一杯茶的滋味，享受每一次的相聚。专注于每一个当下，以平静的心去对待身边的人和事。慢生活，每个人都可以拥有。

吴越争霸

再没有古战场的硝烟
我的选择我敲定
选择
是一种生活方式
逐行
让我们离成功更近
举步维艰的每一程
都有我洒下的诗句
愧丽的人生
有我们的踏频
彪悍的人生无需证明

彪悍的人生不需要解释

——诸暨举行重走西施之路吴越争霸超级“马自骑”大会纪实

2017年5月20日上午8时40分，随着一声发令枪响，500多名自行车运动员毅然踏上重走西施之路的征程，开始挑战自我的长途骑行。“东均杯”2017年重走西施之路吴越争霸超级“马自骑”大会正式拉开战幕。这是长江三角洲有史以来骑行距离最长的历史文化赛事！越国军团诸暨店口丽波车队四勇士历经22小时20分到达终点打卡点，完成633千米的吴越争霸。

上文是我为诸暨超级“马自骑”大会写的新闻通稿，经过转发，国内数百家媒体争相报道。作为诸暨媒体人，我参与了吴越争霸超级“马自骑”活动全过程，激情感受了这场国内骑行圈最有影响力的狂欢节！

前几年许多人都不知道马自骑是什么东西，我每次写稿必须要先来个名词解译：“马自骑”，全称马拉松自行车骑行大会，是一项自行车马拉松运动。大家知道，国际上有个环法自行车大赛，环法也被认为是自行车赛事中最高级别的赛事。“马自骑”应该就是中国的环法大赛。它是长三角地区最有影响的民间自行车赛事。

作为一项民间赛事,“马自骑”已经有了近10年的举办历程。2007年，黄山单车网“假行僧”带着10多位骑友骑车到上海，而上海骑众网则组织了200多骑友出城迎接。同年，上海骑众网又组织团体骑行到黄山，至此形成了“马自骑”的第一条赛事线路:24小时内从上海骑行到黄山，连续骑行421.95千米。

经过十年的历程,“马自骑”的参赛人数已经从50人增加到了1300人。2016年,“马自骑”开始成立全职运营团队。此后,“马自骑”在全国开设了十几个分站赛,和当地政府联办赛事。8月份,“马自骑”还首次举办了线上“马自骑”赛事，2周内有1200个订单，成为国内最大的线上骑行活动。而9月份的“马自骑”正赛，央视体育频道还给予了隆重的报道，一项民间草根发起的体育运动，能获国家级媒体重视，确实不容易。

2017年“马自骑”的赛事数量达到30多场，而在2019年，他们希望赛事能有100多场，参赛人数则达到十万。

诸暨自行车运动应该起源于2009年，诸暨第一次组织骑友去杭州参加环西湖骑行大会，笔者也有幸参与其中。很快，诸暨

单车高手玩酷

市自行车协会成立了，这是全省最早的县级市自协之一。

2013 年，诸暨骑友参与了“马自骑”大会。9 月 15 日凌晨 4 点 33 分，一条信息通过微信报告：“我到上海了！”发信息的是富润集团员工马力，他和诸暨其他两位车友金程和徐哲明刚刚完成了堪称国内自行车运动的超级比赛——马自骑。

2015 年，诸暨市三支车队进“马自骑”前十！在中国 2015 马拉松自行车骑行大会上，店口丽波单车俱乐部 A 队以 14 小时 57 分获团队第三名，店口美利达阳光车队以 16 小时 50 分获团体第五名，店口丽波单车俱乐部 B 队获团体第十名。诸暨骑行达人再次惊艳国内骑行圈。

此时，诸暨骑行已成气候，经常骑车的人数以千计，大家都企盼着，什么时候诸暨来承办一次“马自骑”？机会来了，“马自骑”创始人“三千”在年初宣布：2017 年将在全国范围举办 30 场极具中国文化特色的“马自骑”系列赛事：穿越唐宋扬州站、仙骑九华青阳站、吴越争霸诸暨站、策马江南上海站、狼山观海南通站、纵横四明余姚站、山海骑缘连云港站……

诸暨市自行车协会会长金屹玮说，在现实生活中，我们有很多梦想。但如果不去行动，就永远只是梦想。只要你去做，你就会发现没有你想象的那么难。

这次国内史无前例的超级“马自骑”大会由骑众网、“马自骑”运动发展中心主办，诸暨市自行车协会和浙江战旗体育文化有限公司承办，诸暨籍迪拜商人孙东均先生独家冠名赞助。本次活动得到了浙江省自行车协会、诸暨市体育局、诸暨长城国际影视城、苏州穹窿山风景区、孙武文化园以及沿线的各地乡镇、自行车协会的大力支持。有 30 支车队 500 余名运动员参加。

“东均杯”2017 年重走西施之路吴越争霸超级“马自骑”大会从诸暨长城影视城出发，途经杭州、嘉兴、湖州、无锡，终点在苏州穹窿山孙武文化园。全程 633 千米，要求选手在 42 小时内完成全程。参与骑行大会的运动员分全程组（吴越军团）和半程组（西施护卫军团）两个级别。其中，半程线路从诸暨影视城出发，途经东白湖、西岩风景区，爬升至海拔 576 米的东台，沿着南溪、北溪，到达平水江水库，返回赵家镇、山下湖镇。最后在 130 千米处与吴越军团分开，西施护卫军团再回到诸暨影视城；而吴越军团经五洩风景区、富阳东吴大桥，继续后续的征程，最后至苏州穹窿山孙武文化园终点。

重走西施之路的骑行线路大都是传说中当年西施由诸暨入吴的线路。如在诸暨段有累计 120 千米的山、水、湖观景道路，还有不少是原生态山林道路。全程组经过乌镇，跨东吴大桥，进入江苏境内，环太湖 220 千米。

参加全程组的 120 多名运动员都是多次参加过 422 千米长程骑行的老手，有丰富的实战经验，旨在挑战自我，挑战运动极

与全国山地车冠军（中）合影

限。据悉，举行如此长距离的骑行活动，在国内也是罕见的。组委会做了充分准备。每个骑手都有后勤保障，全程设有10个驿站，其中，良渚捷安特驿站、乌镇乐加露营地驿站、长兴小沉渎村青年旅社驿站、苏州穹窿山印公村舍驿站都有洗澡和休息的场所安排。沿途驿站都由当地自行车运动协会的义工提供服务。

比赛不设奖金，重在参与。每过一个关卡，选手都有机会赢得一枚守护神的信物，直到获得四大守护神（青龙、白虎、朱雀、玄武）的护佑；在终点苏州穹窿山孙武文化园，还将获得一枚“越王勾践、吴王夫差”双剑合璧、双龙盘踞的勋章！所在团队更将获得精美的琉璃奖杯，上面铭刻着团队的尊号和选手的大名，极具荣耀感。央视体育频道也将制作专题节目，报道骑行赛事。

诸暨市自行车协会会长金屹玮表示，我们要在绍兴地区打造一个著名的赛事品牌，吴越争霸将作为品牌赛事每年延续下去……

链　接

“马自骑”全称为马拉松自行车骑行，全程约420千米，相当于马拉松比赛的10倍，在42小时内骑完全程即为完成，它不是一种比赛项目，它只是自己与自己的对抗。“马自骑”规则允许中途用餐、休整，甚至睡觉，但不允许借助任何外力。这是一项艰苦的骑行活动，是计划、体能、意志的综合考验。

“马自骑”选手宣言：

“马自骑”中，你只有一个对手，那就是你自己！

你从来不知道你的能量有多大，你从来不知道你能不能完成你不敢去想的目标。

如果你做出了决定和尝试，那么你就成功了一半。

路上的艰辛和困难我也不用过多描述，体会自在人心。

退伍军人的家乡情结

——访迪拜华商商会副会长孙东均

何超珂　杨　新

初见孙东均，他身穿干净的白衬衣，脸上带着爽朗的笑容，既有儒商的优雅随和，又有军人的刚正不阿。要不是1982年老家的一场大火，他或许这辈子都会在军营扎根，但为了担起照顾家庭的重任，他走上了从军人到商人的人生转折点。

如今的孙东均，在迪拜闯出了自己的一方天地。尽管四海奔波，最令他魂牵梦萦的依旧是故乡的山山水水。孙东均说只要有机会他就会奔赴家乡的怀抱。他就是这样一个游子，睡得起迪拜的七星级酒店，也住得惯老家的牛棚。

孙东均近照

从小有个军人梦

“我要当军人！”这是孙东均小时候挂在嘴边的话。当年才四五岁的他会搬个凳子到母亲面前，站上去挺直小身板说:“等我长这么高，我就要去部队了。”家人常常被他认真的模样逗乐。

1981 年，20 岁的孙东均抓住最后一年当兵机会，如愿以偿地穿上了绿军装。在江苏省徐州市某坦克部队当兵，他很珍惜部队生活，做到干一行爱一行，服从命令听指挥，学得也特别认真，还会举一反三，部队里的自行车、板车坏了，他都会主动当起“维修员”。第二年他成了一名炮手，一颗炮弹有 40 千克重，他拼尽全力搬运。第三年他转到后勤，成为炊事班的一员。

孙东均对炊事班生活印象特别深:“有几次部队要到一些荒无人烟的地方紧急集合，锅炉、铁勺、柴火我们都要自己扛着去，得步行 30 千米。”孙东均笑着说，这是他生命中一段艰苦而甜蜜的回忆，部队生活磨练了他的意志，也让他与战友结下了深厚友谊。

从军人到商人

1982 年的一场大火，把孙东均老家烧毁了，这加深了他对家里的牵挂。“我记得当时部队还组织了捐款活动，汇过来 205 元慰问金，要知道当时的津贴才每月 8 块，我们一家很感激我的领导和战友们。”孙东均说。

1984 年是孙东均人生的一个转折点。那一年，他告别战友，回老家诸暨创业。当时部队领导希望他留下来做志愿兵。但考虑到家里重担需要自己肩负，他还是满怀惜别之情踏上了回家征程。

孙东均上有父母，一个哥哥身体不太好，下有弟妹要照顾，日子过得比较紧张。“那时候，我们一家住在租来的生产队仓库里，得和 1 头牛、5 头猪同吃同睡，我记得有一天晚上，床突然震动起来，我以为地震，被吓醒了，原来是猪把我的床拱起来了。”孙东均回忆道。

回到家乡，孙东均做过自来水安装员和铜材冶炼技术员，后来积累了一些经验，就开始自行创业，成立水电安装工程队，办起了诸暨市城关铜材厂。淘到人生第一桶金后，孙东均做的第一件事就是改善家人的住房环境，建造一座两层小楼房，让父母兄妹有个像模像样的家。

有了一定的经济基础，孙东均创业更大胆了。他开始创办装修材料安装公司，进军房地产，房产生意一直延伸至迪拜。他说，母亲从小教育自己不能拿别人一针一线，部队生活造就自己刚正不阿的性格，这些都是他经商的精神财富，这种诚信正直的经商理念为他赢得了客户的信任。

捐资赞助家乡骑行赛

滴水之恩当涌泉相报，孙东均深谙这个理。“我记得从部队回乡创业那会，由于家境不好，经常饥一顿饱一顿。有个老太太总是很热情地招呼我去她家吃饭，她是我一个战友的母亲，我至今还惦记着她的茶饭恩情。”孙东均说，“2014 年我从迪拜回诸暨，第一时间赶赴老太太的家，可惜老太太已经不在世了。”

事业有成的孙东均不忘反哺家乡。2017 年 5 月 20 日至 22 日，“东均杯”2017 重走西施之路 • 吴越争霸 • 诸暨超级“马自骑”大会拉开帷幕，来自省内外 500 多名骑行爱好者参赛。这次国内骑行最长的超级马拉松骑行大会正是由诸暨籍迪拜商人孙东均赞助冠名的。

远在迪拜的孙东均，为了这场骑行赛，分别在 3 月和 5 月两次坐飞机回国。孙东均告诉记者，社会上曾出现“争西施”之风，举办重走西施之路的骑行赛，就是想打响“西施”品牌，让全世界知晓诸暨才是真正的西施故里。

拼搏出平凡人的精彩

——诸暨第一支准专业自行车队哲步中国队散记

2016年3月22日，双金袜业股份有限公司张灯结彩，横幅彩条惹人醒目。在中国哲步自行车队成立大会上，浙江双金股份有限公司董事长杨铁峰从浙江省自行车协会副会长王琦手中接过大旗——哲步中国队在此正式宣布成立。

这是值得诸暨车友纪念的日子，从此，诸暨本土也有了自己的准专业自行车队。

为首的是自行车运动狂人哲步中国队队长杨瀚洋。“我没有天赋，也没有在专业队训练的背景，也不像一些人每天可以用大把的时间练车。我只是把握住了每天挤出来的两个多小时的练车时间和每次比赛学习经验的机会。7年了，我一直在坚持，因为坚持也是一种胜利。如今随着业余赛的奖金越来越高，大批专业选手的涌入使得业余赛不再业余，但我们这种纯草根纯业余的选手只要不放弃，相信自己，敢于付出，敢于拼搏，出色的战术加上一点运气我们一样可以在满是专业选手的领奖台上为自己拼得一席之地！”这是杨瀚洋在2011年10月30日于宿迁赶场前往黄山比赛的路上写下的比赛随笔中的一段话。

而后来的四年里因为工作他淡出赛场，直到2015年底因为想完成心中的梦想，所以复出回到了赛场。

2016 年，在车友胡晟滨的引荐下，双金袜业股份有限公司为了宣传运动品牌，有意成立自己的车队，于是就有了哲步中国队。哲步中国队初创立时的口号就是“拼搏出平凡人的精彩”，一个新品牌，一群草根车手。

哲步中国队横空出世，在国内自行车赛事中屡屡亮相，像一匹黑马搅动国内自行车大赛局面。从 2016 年 3 月 1 日开始到 12 月 31 日，哲步中国队 2016 年共计比赛 107 场，317 人次参赛，其中公路赛 46 场、山地赛 61 场，获得个人冠军 27 个，亚军 19 个，季军 17 个。全国各大联赛几乎都出现过他们的身影，直到 2016 年最后一天依然奋战在赛场上！

发布会后的第二天，4 位队员就出发前往黄山开始赛道适应训练了。赵琴在两天的比赛中不负众望，一举夺得 20 千米组和 60 千米组两个季军。

同一时间的中国联赛千岛湖首站，是哲步中国队成立后的首次正式亮相。他们以 9 人阵容参赛。虽然比赛结果惨烈，但是后半程连续不断的进攻也让其他车队认识到哲步的存在。

一鼓作气，4 月份进入了车队的首个爆发期：

4 月 2 日，蔡正卿在环青海湖联赛（上海站）山地精英组比

2016 车队宣传照

赛中，力克封宽杰等众多高手霸气拿下冠军。赵琴也在女子山地精英组收获亚军。

4 月 16 日，pdm 系列赛首站前滩赛段，公路主将刘飞成功突围后在最后冲刺阶段秒杀 trek 中国主将王炯，收获亚军，哲步中国队首次扬名 a 级公路大赛；同时车队收获团体季军。

比完赛后，车队立刻转场来到安徽齐云山，第二天赵琴收获安徽万人骑行大赛女子组冠军。

5 月，疯狂的比赛，一共 15 场！首个星期就赛了 6 场！

比赛圈有这样一句话："不要去广东越野，不要来浙江爬坡。"

5 月 15 日，2016 浙江首场爬坡大戏，环浙江自行车系列公开赛（仙居站）拉开战幕。

5 月 22 日哲步中国队以战绩确定了自己在浙江大组赛的地位，分兵作战两地：在温州和建德分获 3 个冠军。

浙江社团运动会上，只有一半阵容的哲步中国队代表绍兴出赛。

队长杨瀚洋在顺利抢完第一个冲刺点后，掩护主将蔡正卿突围，随后放出无法威胁蔡夺冠的胡甜甜上去配合。接下来队员裘文波、阮敏敏，全程控场大集团，冠军从此再无悬念。

最后的大集团冲刺，哲步车队不负众望，获得季军。

2017 新出现的环浙骑行大赛则以第一天骑游大会，第二天业余公路大组赛的形式迅速集合人气，刘飞战胜周克强拿下冠军，赵琴霸气拿下女子组冠军。

赛后哲步车队马不停蹄，出发赶往新疆，中国联赛天池站他们来了！而这次横穿中国的赶场，他们选择的方式则是开车前往！比赛都是点到点的旅行，但是较远的比赛路途中却可以经过很多风景美丽、文化独特的地方，错过太可惜了，4+2 是最好的体验这些风景人文的方式。

这次总行程超过一万千米，一路风景如画。

而中间发生的故事可能会终生难忘，去的路上他们在半夜通

浙江省自行车协会副会长王琦（左）授队旗

过全国十大危险公路“当金山”，经过百里风带被吹坏了三个车顶架……在回去的路上，又经历了沙漠中间没油，被导航坑、用旅行车开了越野路、翻越天山等一系列故事。

而我们车队队员及专业导演摄影师胡晟滨则将这段故事拍成了《哲步西行》，一共六集的记录片，和大家一起分享。

一周后，中国闯山系列赛首站金华北山站，裘文波获得公路组冠军及“闯山王”称号，赵琴稳步冠军。

在此之后，哲步中国队的状态开始趋于稳定，喜忧参半，一边在主场浙江稳固着自己的地位，一边一步一步地在中华大地留下属于哲步的印记！

8 月首站，环浙骑行第三站，哲步中国队以完整阵容出站，精英组霸气控场，在主将蔡正卿爆胎后，另一位主将刘飞抓住时机突围，一举夺冠。

此时，做了一年副将的杨国毅则在环浙江公开赛文成总决赛中爆发，拿下男子精英组季军。在这项浙江传统联赛中为哲步中国队的 2016 年收了一个不错的尾。

哲步中国队队长杨瀚洋骄傲地说：“哲步品牌因为哲步中国队的全国征战而名扬四海，车队的平台也培养了我们，给了我们施展能力完成梦想的机会。”

2016 年 12 月初，哲步中国队在比赛的同时不忘公益，环浙骑行总决赛前一天哲步中国队参加了一次关爱渐冻症患儿的爱心骑行活动，为公益事业献出自己的一份力。

环浙骑行年度颁奖礼，赵琴收获了女子组个人年度总冠军，于伟镇一人孤军奋战，收获大师组年度季军，刘飞获得精英组年度季军。

“在成功的路上没有捷径，只有一步一步踏实地走下去，不知不觉你才会离目的地越来越近——哲步。”杨瀚洋说，“当地很多车友并不熟悉一些外地车手，但是会记住当地比赛获冠军的车手和车队。就像蔡正卿在内蒙古获得几个冠军后，我们去额济纳比赛时很多内蒙古的车友会来问我们：‘你们车队那个脸上有疤的车手来了没？’”

2017 年哲步中国队在国内骑行圈继续书写辉煌：截至 2017 年 11 月底，RT- 哲步中国队已在本赛季比赛超过 100 场，并赢得超过 25 场以上的胜利，同时超过 6 成的比赛站上领奖台；在最具含金量的 2017 中国自行车联赛中，车队勇于拼搏。在最后一站总决赛中收获单站团队亚军的好成绩，同时收获年度总成绩团体第六。

杨瀚洋最后表示：“感谢所有支持我们的车友和媒体朋友，更要感谢那些支持帮助我们的赞助商。”

哲步中国车队还在路上拼搏。

哲步中国车队是一群年轻草根骑友实现自己梦想的奇迹。党的十九大报告提出：“青年兴则国家兴，青年强则国家强。”自行车运动是年轻人的世界。青年骑手释放活力、放飞梦想，这一代青年必将肩负起“一代更比一代强”的时代责任，以青春之我，成就青春之家庭、青春之国家、青春之民族。

好美诸暨

我骑行
骑行于醉美土地
我穿越
穿越在西施故里
我发现
每一寸土地都充满着王者之气
与蓝天白云撒欢天际
一道道秀美风景
跟珍珠般乡村串在一起
啊！好美诸暨

你知道诸暨镇乡名的由来吗

徐建锋

综观诸暨市 27 个镇乡（街道）名称，其命名方式多有不同，对其来历做一探究，粗略地分析一下，主要有以下几类：

一、以姓氏命名

陈宅镇

据传，明末陈姓从嵊县迁到当时叫西山下庄的地方，改名叫陈宅。现因陈宅镇驻地为陈宅村故名。

赵家镇

据传，明时赵氏从东阳梅山迁来，以姓取名为赵家。现因赵家镇驻地为赵家村故名。

阮市镇

据传，明末清初，此地有条通往临浦、杭州等地的河江，并设有船埠，当时，该村有一进士姓阮，故取名阮家埠。后店铺不断增加，引成一个集市。新中国成立后，改名为阮市，镇名亦由此而来。

二、以山脉命名

次坞镇

据俞氏宗谱记载：唐末天祐三年（906）遭五季之乱，邘姓从原籍浦江避难外逃，改邘姓为俞姓，原住在现萧山区路下院水桶湾。后因人口众多，居地狭隘，逐渐向螺峰山东南方向转移。相传这里的螺峰山为全省第二座螺峰，故名次峰。因村坐落在山坞内，故名次坞。另有一说为，次坞，即刺坞，或作茨坞。因早年坞中多荆棘而名，后习称次坞。现因次坞镇驻地在次坞村故名。

璜山镇

相传，宋末，今璜山一带有一座山，但山形尚缺肚带头，故在东面山脚横筑高约 3 米，长约 10 米多的低山一座，充当肚带头，因形似“横”而得名。后因横字不雅，改为“璜山”。现因璜山镇驻地为璜山村故名。

同山镇

因该镇西北面有两座山，一座叫寺山湾后山，一座叫唐仁后山，每座各有 3 个山峰（亦称六峰），远处眺望两座山是相同的，故名同山，镇名亦由此而得。

岭北镇

因地处“西岘山”大岭之北，故称岭北。

陶朱街道

其街道办事处驻地近陶朱山麓，亦是为了纪念陶朱公，故名。

三、以河流湖泊等命名

江藻镇

江藻之名，一说当地自古业陶，以之为地名，称“缸灶”；一说宋时当地尚未筑堤建埂，江水流经村前，成为一片藻地，故名“江藻”。

山下湖镇

该镇山下湖村居民在明末清初时，由詹家峧分居而来。当时坐落在凤山南麓，山下有个小湖，故以山下湖为村名。现因山下湖镇驻地为山下湖村故名。

东白湖镇

陈蔡、斯宅两乡合并后，因驻地内有诸暨最大水库——陈蔡水库，又因辖区内有风景名山东白山而得名东白湖，镇名由此而得。

四、以纪念人物命名

马剑镇

唐懿宗咸通年间，陕西杜陵人戴昭授浙江东道五部兵马大元帅。后其子戴堂，奉父命镇越之鉴湖，以战功分辖暨水，遂迁居浦江建溪（即马剑）。后裔念其好驰马试剑，故名马剑。现因马剑镇驻地为马剑村故名。

王家井镇

据传，古时王姓定居于今王家井村，建有水井一口，为村人共饮，故得名王家井。现因王家井镇驻地为王家井村故名。

五、以纪念事件命名

应店街镇

今应店街村原名罗坞。元末财主应十万，从永康迁至道地，明初又从道地迁居应店街村，渐成富豪。传说明代朱元璋曾到应店街村，应十万捐了军粮两万石。因捐粮有功，明太祖降旨建造牌坊，封为“应义门”。从此，每年八月初三形成庙会，因而商店渐增，形成街道，清朝年间将罗坞改名为应店街。现因应店街镇驻地为应店街村故名。

草塔镇

据传，明末，今草塔镇一带兴市，人们习惯于搭草棚经营商业，俗叫草搭市。后人根据草搭市坐落在五泄江、浃溪江两江叉合处，形似尖塔，就将“搭”改为“塔”，称为“草塔”。镇名亦由此而得。

街亭镇

唐时，陆续有人到此定居。当时此地系上通金衢、下达沪杭的水陆交通要道，逐渐建成一条街，街头有个凉亭，故名街亭。现因街亭镇驻地为街亭村故名。

大唐镇

古时，陈姓从县城登仕桥迁今兴唐社区一带，因此地原是一块满生黄荆条的地埭，因而也叫黄荆埭。后因人口渐增，村宅扩建，唐时筑有一庵，故叫大唐庵。大唐镇的名称亦由此简化而得。

浬浦镇

据传，约三百多年前，今浬浦村附近有一条溪，当地老人反映，曾有“澧水滚滚”之说；同时，在“井霞碑记”上刻有“前有浦水之澎湃，后有虎山之嵯峨”。一个“澧”，一个“浦”，故称澧浦。后因地形变迁，砂石淤积，形成一块宅基，附近大岩口村逐步向此迁居。明时，蒋、陈、余姓也陆续迁入，村庄建在溪滩上，故名澧浦溪。后因人口聚集，形成澧浦溪集镇。中华人民共和国成立后，为书写方便，改称浬浦。现因浬浦镇驻地在该集镇上故名。

浣东街道

今浣东街道辖区，原基本是浣纱区所辖，浣纱之得名则因王羲之手迹，而浣纱区原名江东区（因在浦阳江——浣江东面而得名），在设立街道时就有了“浣东”之名。

直埠镇

明朝年间，傅氏祖先从浦江白马桥迁来。那时陆上交通不便，便把北起长澜，南过赵家埠，直至县城的一条主道改直，从此，成为一个水陆交通较便的小商埠，直埠之名由此而得。镇名亦由此而得。

店口镇

店口之名源于南宋，原名巅口，因该村坐落在三面环山山巅之口。明时商业繁荣，形成小集镇，改称店口。镇名亦由此而得。

暨阳街道

因辖地为诸暨市主要城区，而诸暨历史上曾称暨阳，故有此名。

六、以桥名命名

枫桥镇

唐时，今枫桥江两岸枫树成林，故名枫溪，亦称枫江，江上筑有一桥，名叫枫桥，以桥得名。镇名源于此。

七、以希冀命名

东和乡

原属璜山小东乡。民国元年与舞凤乡合并，定名东和乡（寓有和合的意思），一直沿用至新中国成立后。1956 年与西岩乡合并，仍称东和乡。后管辖范围虽有变动，但名称一直沿用至今。

安华镇

据传，明时，现安华火车站南侧，有一个“安天村”（村子早灭），后来这块地方叫“安天畈”。畈中有一安天凉亭，年久失修，于新中国成立前拆去。后该地因人口渐增，又在安天村下面新建村宅，取名“安下”村。该村逐步形成集镇，所以又把“下”字改为“华”字，表示华丽的意思，故得名安华。现因安华镇驻地为安华村故名。

八、以景观命名

五泄镇

这里曾是五泄区的所在地，两者皆因境内有“小雁荡”之称的五泄风景区而得名。

九、以战事命名

牌头镇

据传，元末朱元璋起兵反元，大将胡大海在龙王殿陡严山扎兵。元朝兵马驻扎在金家山头，整天擂鼓激战，双方伤亡极大，人头遍地，故此得名“排头”。后朱元璋建立大明王朝，在现下市头设有牌坊，后人逐渐将“排头”改称为“牌头”。现因牌头镇驻地为牌头村故名。

美哉，浦阳江畔游步道

诸暨建成首个县道公路服务站

诸暨市交通运输局　陈钟显、陈程

2016 年 11 月，诸暨枫谷线 K2+150 路段公路服务站建成，花园式的建筑风格备受过往行人关注。该服务站是诸暨市公路管理局为创建“美丽公路”、提升公路服务水平而建的，为绍兴市首个普通公路便民服务站。服务站建筑面积达 67 平方米，内设小卖部、休息室、停车区、加水区和公共卫生间等服务设施，配备了食品、常用药物、开水、打气等便民服务，并在沿线做好标识告示设置，为过往公众出行和驾乘人员提供方便与服务。目前，服务站已投入使用，进入枫谷线的游客，在感受诸暨青山绿水间惬意风景的同时，也能体验到公路部门全方位的服务。

2016 年 11 月，绍兴地区首个县道公路服务站正式启用

诸暨最美骑行线路

赵钱吕　整理

一、马剑建辉（马剑古镇）

难度：★★★　全程 30.4 千米，累计爬升 1.4 千米。

路线简介：双金线起点金村　五泄镇　洋塘岭—马剑镇平阳—建辉村。

推荐理由：整条线路机动车道与骑行绿道界限明晰，沿途植被良好。进入五泄镇区域，骑友可以尽情享受五泄风光，还似穿越两千多年前秦始皇巡视马剑场景。

沿途亮点：

1. 五泄风景区，为国家 4A 风景名胜区、国家森林公园，自然景观令人神往，人文景点亦十分丰富。因瀑布分为五级，诸暨话说瀑称泄，所以叫“五泄”。爬坡上“洋塘岭”，即可居高临下欣赏“五泄湖”全貌，夹岩洞、老僧峰等尽收眼底。

2. 马剑古道，这是一首古朴的诗，曲折蜿蜒，悠长无尽；古道弯弯，弯出一路好风景，仿佛能听到当年商队的马蹄铃声、商客匆匆的脚步声……这里还有马剑绿剑茶基地、马剑馒头作坊；可以观赏到马剑“过小年”的风俗，更有多座古桥、古亭……这归功于马剑镇历史上曾为义乌、浦江管辖，北临富阳、西临桐庐、南临浦江，人文的交集、商贸的交流，形成了古镇古道特别的风情。

友情提醒：此线路上下坡不多，强度较小，可以任意驰骋。

骑行装备：任何单车都可以，头盔、手套、防风镜等缺一不可。

二、大白湖（大学城—白塔湖）

难度：★★★　全程 61.1 千米，累计爬升 957 米。

路线简介：暨阳学院南门—03 省道东复线—姚公埠—店口鲁戈村—黄家埠村—杨梅桥枫店线—阮市炒货市场—03 省道东复线支线桥南村—山下湖镇石家弄村—诸店线—五浦头城北路—万达广场。

推荐理由：此线路走诸暨北部湖畈区域，田园风景秀丽，没有很大的坡度，经 03 省道东复线，骑行绿道明晰，路途平坦，适合休闲骑行，途经多个乡镇，乡镇亮点频多，可游可观赏。

沿途亮点：

1. 浙江诸暨白塔湖系国家湿地公园，为 4A 景区，公园规划面积 856 公顷，属河网平原，有 78 个岛屿，形态各异，湖内河网交错，自然曲折，呈现“湖中有田，田中有湖”，水陆相通，动植物丰富多彩，湖田风光一览无遗。

2. 华东国际珠宝城坐落在山下湖镇，是世界珍珠生产与加工中心、集散中心与物流中心、品牌展示中心、珠宝文化交流与商贸旅游购物中心。

友情提醒：店口穿镇路段红绿灯密度大，车辆较多，要注意安全；杨梅桥集镇行人多，横穿公路严重，要注意车速，确保安全。

骑行装备：山地车、公路车、小轮车均可，头盔、手套配置齐全。

三、诸暨大三环骑行

难度：★★★　全程 60 千米，累计爬升 843 米。

线路简介：浙江长城影视城—S308 复线（三环线南线）—横山岗隧道—五泄镇（S308 复线双金线）—海亮教育集团（西三环线）—北三环线—东三环线—影视城。

推荐理由：此线路比较平坦，自行车绿道全线贯通，骑行安全有保障，整个三环线风光各异，西线有山、东线有城、南北线有田园风光。

沿途亮点：诸暨长城影视城、香榧博物馆、五泄藏绿古村落、多个禅庙……南北环线上的田园，东线的城区，西环线的山色，两三个小时环诸暨城一圈，别有情趣。

友情提醒：

1．在骑行绿道骑行要注意逆向行驶而来的非机动车，十字路口的自行车绿道中的石蹬，要注意避让。

2．东三环路段红绿灯较多，注意不要闯红灯。

骑行装备：山地车、公路车、小轮车均可，头盔、手套配置齐全。

四、三寺一洞

难度：★★★　全程 13.2 千米，累计爬升 141 米。

路线简介：市南路郭家坞村—滴水岩—宝寿寺—市南路南山村—南山寺—十三房村—凉风洞。

沿途亮点：

1．滴水禅寺是中共诸暨第一次党代会会址。不忘初心，骑行有意义；宝寿寺坡度不小，值得挑战，是短途训练的极佳场所。这里植被保护良好，树木茂盛，空气清新，人称诸暨骑行界的“朱日和”（中国人民解放军华东军事训练基地）。

2．凉风洞是诸暨近郊闻名的避暑胜地，哪怕是酷暑天，洞口也只有十多度的温度，穿着短袖都受不了。在夏天品尝自然温度下的冻猪肉，别有一番滋味。

推荐理由：这条经典线路靠近城区，有强度、有风景、有历史人文背景，适合骑行锻炼体力，休闲健身。

友情提醒：

1. 滴水岩上的宝寿寺坡度较大，下坡要减缓车速，身体重心要后移，弯道注意刹车，以保证安全。

2. 如果要在凉风洞游玩长时间，就要带上长袖，以防着凉。

骑行装备：考虑到上凉风洞有约200米的石子路面，以山地车较为合适，刹车良好，头盔、手套、防风眼镜一个都不能少。

五、西岩斯宅

难度：★★★★ 全程80.5千米，累计爬升3.1千米。

线路简介：开元大酒店—双桥镇—黄婆桥—邵家坞村—丁家岭—枫谷线—西岩—西岩水库—施家沿村—龙门村—张高坞村—千柱屋—浬斯线—诸东线—赵四村—应山村—开元大酒店。

推荐理由：喜好爬坡挑战的骑者，可选择此线路，最高海拔约750米。沿途山水风光秀丽，树竹茂盛，古村落，古树成林，山路蜿曲，峰回路转，犹如闻名的“二十四道拐”。

沿途亮点：

1. 斯宅千柱屋，国家级重点文物保护单位，诸暨古建筑群中规模最大的民宅，建于清代嘉庆年间，有屋121间，屋柱盈千，此屋有大宅之典范，气势之恢弘，雕刻迷宫精美，十分罕见。

2. 斯宅古建筑还有下新屋、华国公别墅、小洋房等一大批古建筑群，美不胜收。

3. 西岩景区，这是会稽山腹地的秀丽之地，自然风光独特，有万亩竹海、万亩香榧林，有西岩龙潭飞瀑、峡谷……文化底蕴深厚。

友情提醒：此线路陡坡加弯道较多，要注意车速，保证车辆转弯顺畅，确保骑行安全。

骑行装备：尽量选用山地车，要求刹车良好，爬坡能力强，头盔、手套、眼镜等安全装备齐全，落实到位。

六、酒乡同山骑行

难度：★★★　全程 64 千米，累计爬升 1.7 千米。

路线简介：环城南路（旅游集散中心）—五纹岭隧道—西二环线—双金线—五泄藏绿—青山水库（草青线）—同山镇（安同线）—绍浦线—王沙溪村—岩丰村—汤江岩景区—绍浦路——安华镇—诸安线—诸暨国际商贸城。

推荐理由：这是诸暨市西南线路。途中有藏绿古建筑群、青山水库、安华湖、汤江岩景区等；同山烧酒乡闻名天下，在高粱成熟季节，穿行在高粱地中，别有风趣，各家各户自制烧酒，空气中弥漫着酒香，让人陶醉。骑车者不妨可以品尝刚出炉的浓酒，但千万不要贪杯。

沿途亮点：

1. 汤江岩景区，国家 3A 级景区，以险峰、奇岩、怪石、幽洞及深潭为主要景观，有险峰六座、怪石十六处、幽洞两穴，其中有一山岩状如大佛，天然自成，又似人工雕琢，游人无不称奇。这片奇岩怪石的西北山下有条汤江，故名“汤江岩”。汤江也因筑坝成水库，本地人称安华湖，汤江很少有人叫了。

2. 同山烧。同山烧酿造历史悠久，工艺独特，已申报世界非物质文化遗产。据史书记载，早在 2500 年前的古越国，同山烧就已经盛行了。《吕氏春秋·顺民篇》：“越王之栖子会稽也，有酒投江，民饮其流，而战气百倍。”同山酒的历史几乎超越了我国所有知名白酒。同山酒工艺独特，颜色成红色，不用加染色剂，而是将高粱的茎直接放入，自然就呈现出红色。这也是“同山烧”区别于其他烧酒的独特标志，素有“江南茅台”或“诸暨茅台”之美称。

友情提醒：此线路上下坡只有青山到同山路段，强度不太大，弯道较少，是休闲骑行、旅游骑行的好去处，安全骑行还是要注意。

骑行装备：各型单车均可。

七、五泄休闲骑

难度：★★　全程 18 千米，累计爬升 471 米。

路线简介：双金线起点—五泄集镇—五泄景区。

推荐理由：五泄是国家 4A 景区，周边的风景秀美。骑单车休闲在路上，休闲在景区，边骑边赏景，沿途自行车绿道建在花草丛中，赏心悦目之极。

沿途亮点：

1. 五泄景区素有“小雁荡”之称，景区有碧波荡漾、水天一色的五泄，四季如春的桃源，飞瀑撼人的东源，西源的“原始”森林，千亩楠木，是华东地区闻名的自然植物园。五泄湖建成于 1973 年 7 月，湖面水域达 56.8 万平方米，长 2800 米，水深 38 米，整个湖面都在两岸青山的环抱中。碧绿的湖水、巍峨的山峰、壮奇的瀑布、幽深的峡谷、繁茂的植被、古老的禅寺、纯净的水质、清新的空气、凉爽的气候，这些都使人仿佛进入了人间的天堂。

友情提醒：爬坡能力强的骑友可挑战停车场旁边的“射击山庄”，有相当的强度，下坡时要调整身体重心后移，以保证骑车安全。

骑行装备：任何装备均可，刹车和调速系统不可忽视，头盔、手套等安全配置一样不可少。

八、滴水岩爬坡

难度：★★★　全程 2 千米，爬坡 81 米。

路线简介：水务集团—环城南路—市南路郭家坞村，滴水岩寺、宝寿寺。

推荐理由：上山路线虽然只有2千米，但山路弯弯，峰回路转，上坡难度大，可作为锻炼体力的最佳场所。两个独立的寺院，相映生辉。体力好的骑友可往返多次，来回挑战，增加强度。

沿途亮点：

滴水岩寺，旧称滴水道院。唐朝天祐（904—907）年间建，同治（1862—1874）年间重整寺貌。1978年后几次大修，扩建成现状。此寺建在一块巨大的岩石下，终年有水滴飞溅而下，如细雨飘洒，虽不及五泄瀑布壮观，倒也有一番风情。1926年12月，钟志逸等革命人士建立了诸暨历史上第一个党组织——中共诸暨城区支部。1927年8月，中共诸暨临时委员会建立，当年9月底，在滴水岩召开了中共诸暨县第一次代表大会。滴水岩成为诸暨中共一大会址，滴水岩成了后人不忘初心、牢记使命的教育基地。今日滴水岩禅寺，远山叠翠、近树葱郁、梵宇巍峨、宝刹辉煌。屋顶锈曲身游龙，气势恢宏；房檐砌图腾瑞兽，造型庄严。寺旁山溪琤淙，飞花溅玉，水汽氤氲，宛若仙境。

宝寿寺是江南著名千年古刹。据史料记载，宝寿禅寺始建于唐太宗八年（854），由高僧神智主持，寺名初为“圣寿寺”。咸通十年（869）易名“咸通宝寿禅寺”，后渐以“宝寿寺”一名行世。

友情提醒：上山有段两三百米的路段，原来是踏步道，后改造成公路，所以陡度极大，坡度至少有20度。上坡如一脚踏空就会倒溜；下坡须严格控制车速，注意安全骑行。曾多次发生新手在这里摔倒受伤的事故。

骑行装备：选用有较强爬坡能力的单车，安全装备及措施一样不可少。

九、山下湖枫桥古镇休闲骑

难度：★★　全程49千米。

路线简介：万达广场（三环线）—浣东街道李村—福庆岭—山

下湖镇石家弄村—下宣村—山上湖—建华村—义燕村—杜黄桥—枫桥—绍大线—东三环路—万达广场。

推荐理由：此路线可饱览山下湖田园风光和山上湖农庄的景色，可以了解枫桥古镇的悠久历史文化底蕴及美丽传说。

沿途亮点：

枫桥古镇，枫桥以枫溪得名，作为地名始于隋朝的枫桥驿。枫桥文化底蕴深厚，著名学者朱熹、辛弃疾、陆游曾经讲学于此。还有“枫桥三贤”——王冕、杨维桢、陈洪绶，以其精湛的艺术造诣在中国书法史、中国绘画史乃至整个中国文化史中留下浓墨重彩的一笔。周恩来抗战时期来枫桥大庙讲演、毛泽东批示的“枫桥经验”等都是枫桥珍贵的历史篇章。

山上湖庄园，微缩山下湖湖区的田园风光，坚持绿色养殖生态鳖模式，成为不可多得的生态自然庄园，已建成高档次的民居，深受都市人的喜爱。

山下湖，中国珍珠之乡，全国最大的淡水珍珠养殖、加工、贸易中心。到山下湖采购珍珠，不枉此行。

友情提醒：此路段的几段砂石泥路，以山地车为佳，有弯道的陡坡，请控制车速，以保安全。

十、两湖三岭

难度：★★★★

路线简介：浬斯线—陈吴线—环湖线（东泉岭）—斯宅—南三江—白露口村—三岔村—山盆岭—绿化村—南庄村—水带村—石陈线—石壁村—陈宅镇—诸东线—浬斯线。

推荐理由：公路两侧青峰屏立，林木苍翠欲滴，湖光山色浑然一体，骑行其中心情舒畅，烦恼全无。

沿途亮点：

东白山风景区位于浙江省中部东阳市、诸暨市、嵊州市交界的东白山范围内。东白山属会稽山脉南麓，北接诸暨，东接嵊州，是浙中名山之首。主峰东白峰（古称太白峰）高1194.7米。

东白山好似一个大水塔，以岭北为界，西北流域归东白湖，西南流域归石壁湖。这里山高路远，地形复杂，植被丰富，有高山草甸、百丈飞瀑、云海日出、冰凌雾凇、七夕巧云等自然景观。

从浬斯线始环两湖，从东白湖出水口到璜山，一路好水好山，峻山密林，骑者一会在东白湖，瞬间到了石壁湖边，一边亲水，一边亲山，更是山岭间的挑战，穿行于三个上坡岭，又是连续三个下坡，此彼起伏，有一种专业运动的“赶脚”。穿梭于山水之间，弯游于树木之间，感觉于山峰之间。有强度，有速度，有情趣和收获，回味无穷，有痛苦更有登顶后的快乐。非骑行者无法想象到的幸福感。

友情提醒：翻越三道岭，骑行强度很大，要有心理准备。三道岭必有三个大下坡，急弯下坡有一定的危险，注意保持减速到可控状态。不可逞英雄忘乎所以，一失足身体受伤。

骑行装备：具有良好的刹车变速骑行单车，以山地车为最佳。头盔、手套、防风眼镜必备。

十一、环东白湖

难度：★★　全程：22千米，累计爬升675米。

路线简介：东白湖元培幼儿园—浬斯线—东白湖大坝南头—旗山禅寺—南三江村—斯宅古村落—东泉岭（环湖线）—陈吴线—幼儿园。

推荐理由：环东白湖骑行，一边亲水一边亲山，两旁绿色掩映，竹林、果林、香榧林……古村落、植物的多样性，线路的曲折性，会使你目不暇接，回味无穷。

沿途亮点：

1. 东白湖，原名陈蔡水库。湖面（水面）4平方千米，湖水最深处有 94 米，远处山峰叠立，最高峰“太白峰”高 1194 米，林木苍翠欲滴，原生态环境，山色水色天色如明镜般澄明清澈。东白山西北面流域面积成为诸暨市的饮用水源地。

2．斯宅古村落，属诸暨市东白湖镇管辖，古建筑群主要建筑有斯盛居，俗称千柱屋，是斯宅古村落中气势恢宏的建筑，是由门额镌“于斯为盛”而名，寓有斯氏长盛之意。还有下新屋、华国公别墅等，各级文保单位多处，古建筑群里砖雕、石雕、木雕、浮雕工艺十分华丽，精美绝伦，成为民间雕刻艺术的瑰宝。

友情提示：

1．此线只有东白湖堤坝和东泉岭两个上坡路段，其他只是

诸暨日报社组织的骑行活动

小起伏的山区路段，强度不大，但同样要注意堤坝和东泉岭下坡的安全骑行，不要放松。

骑行装备：山地车、公路车、小轮车等均可，刹车、变速良好，头盔、手套、眼镜一样不少。

十二、翻越走马岗

难度：★★★★　全程：80.8千米。

路线简介：长城影视城—三环东路—绍大线—新王线—青口村—枫谷线—赵家镇—泉畈村—香榧森林公园门台—泉溪村—香榧文化园—里宣村—走马岗—中堂—东台村—西岩—大林—浬浦镇—街亭镇—三环东路—影视城。

推荐理由：可供骑者游览的景点多，如影视城、香榧博物馆、香榧森林公园、走马岗、西岩风景区等，看点不少，具有香榧专题骑行路线之美称。

沿途亮点：

1．诸暨长城影视城，现已建成并保留下来的著名摄影点（地）有动漫城堡、土楼、太和殿、太极殿、明清府邸、鸳鸯楼、大雄宝殿、狮子楼、白塔、民国街等多个跨越几千年历史时空，汇聚具有不同地域特色的影视拍摄基地和一座现代化室内摄影棚，已拍摄了20多部大型电视连续剧。

2．香榧专线，从三环东线的香榧博物馆到赵家香榧森林公园门台、中国香榧文化馆、香榧树王、千年香榧林、万亩香榧基地……任你游览，任你欣赏。香榧，别名中国榧，俗称妃子树，为红豆杉目，红豆杉科，榧树属常绿乔木，中国原产树种，世界稀有经济树种，主要分布于中国浙江等地，诸暨是主产区，质量最佳地。香榧生长成熟期为三年，此在植物界少有。

3．走马岗：此处为会稽山脉中段，传越王勾践曾在岗上操练兵马，并留下许多清晰的马蹄印而得名。岗顶怪石嶙峋，陡峰惊奇，风景优美。从走马岗至东白湖镇中堂、东台村有 4.2 千米砂石泥路，有段陡坡，不长但是坡度很大。喜欢挑战的骑友不妨去试一试，但要注意安全。

友情提醒：在下坡路段要控制速度，保证单车转弯时能够灵活控制。挑战 4.2 千米砂石泥路时，要特别注意陡坡段的车速控制，砂石路下坡时严控刹车。

骑行装备：考虑 4.2 千米砂石泥路，以山地车为佳。刹车良好，装备齐全。

十三、榧乡之旅

难度：★★★　全程 14.6 千米，上坡 9.5 千米，下坡 4.6 千米，爬升 1.7 千米。

路线简介：中国香榧博物馆（香榧主题公园），香榧森林公园门台—泉溪村—相泉村—钟家岭（榧王村）—香榧王。

推荐理由：骑行在香榧森林公园，穿梭于榧林中的盘山公路，呼吸着香榧香气。

沿途亮点：

诸暨赵家香榧国家森林公园，始建于 2004 年，总面积 50 多平方千米，香榧已被定为世界重要农业文化遗产，园内有千年以上的古榧树约 3000 株，五百年以上的古榧树约 2.5 万株，俗称“香榧王”已有 1300 多年，被誉为“千年活文物”，其树高 18 米，树冠覆盖 0.85 亩，犹如遮天巨伞，十分壮观，又犹如“一木成林”。香榧作为中国特有的珍稀树种，已稀少濒危。香榧三代果能同生枝头即三年成熟果（一年开花、两年结果、三年成熟），此景在自然界中实为罕见。公园内榧树连绵成林，历经千年，姿态奇异，气势壮观，是世上罕见的自然奇观。香榧文化历经千年岁月，留下了无数历史传说和名诗佳话，形成了“珍稀、吉祥、远古”的文化理念。而这古榧奇姿，林茂树古，重岩飞瀑，清流激湍，人文点缀都显得那么地自然，置身其中仿佛如入梦境。

友情提示：上下坡陡度较大，急弯又多，要注意控制车速，保证安全。园内景色美丽，但在骑行中不观景，只管看清路面，预测弯道未知情况。

骑行装备：选用具有较强爬坡能力的单车，并保证刹车良好。头盔、手套、眼镜等安全装备一样不少。

十四、晓居竹海之旅

难度：★★★　全程 10 千米，爬升 789 米。

路线简介：璜山齐村—晓居风眼村—观音殿。

推荐理由：此线中的山水、竹海、古造纸遗址……让你享受沿途风景，听潺潺流水声。在万亩竹林中骑行，使你饱吸竹海空气中的负氧离子，舒爽的湿度、温度，仿佛是在另一个季节里旅行。

沿途亮点：

晓居竹海位于诸暨南部璜山镇晓凤村。依水盘山弯弯曲曲的山路，幽幽盘行于竹山竹溪之间，隐隐约约于竹林山峰之间延伸着。隐居中的盘山公路一边是陡峭突兀的竹山竹崖，一边是幽深险峻的竹谷竹涧，从近处的墨绿到渐远的浅蓝，过了竹山又竹山，看了竹涧又竹涧，绕了竹峦又竹峦，穿了竹径又竹径，翻过竹岭又竹岭……竹子，还有竹笋，一丛丛的浅绿，一串串的深绿，密密麻麻的绿，大片大片的绿，风儿吹起，是飒飒的竹林摇曳之声，也有竹叶落下之音。山路间，弥漫了竹子的清香，又夹着朵朵野花的芬芳，使人心旷神怡，久久沉醉其间。

友情提示：此线路为连续上坡路，且坡度越来越大，骑行时要分配好自己的体力，并做好心理准备。回途中都是下坡，在急弯加陡坡前控制好车速，保证骑行流畅和安全。

骑行装备：任何单车都可以，但刹车系统必须好，爬坡能力强不能被忽视。用于保障骑行安全的头盔、手套、眼镜等要配置齐全、可靠。

十五、杭坞山

难度：★★★　全程67.5千米。

路线简介：大学城（暨阳学院）—03省东复线—北三环路（向西）—南泉岭隧道—十二都—茅湄线—红马坞村—杭坞山—荪坑线—茅湄线—十店线—茅湄线—三联线—霞店林—03省东复线—大学城。

推荐理由：此线路上杭坞山主峰海拔只有583.6米，骑行道最高约500米，但相对高度可观，显得格外突兀和壮观。爬高杭坞山只有4.5千米，但升高约500米，陡坡较大，很具挑战性。在大学城可感受诸暨大学校的集中地、文化之地。途中的诸暨新农都（农贸市场）之大，还有南孟故里之南孟文化等，都值得你去欣赏和品味。

沿途亮点：

杭坞山，又名柯坞山、坑坞山、可恶山，位于诸暨北部店口、次坞、直埠三镇交界处。杭坞山群山连绵，风景优美，人文历史十分丰富。《越绝书》记载“杭坞者，勾践航也”，说明杭坞山曾经是春秋时期古越国的生息之地。杭坞山为龙门山脉之延伸，孤峰崛起于诸萧之交壤处，为诸暨北门之屏障，主峰海拔583.6米，相对高度可观，显得格外突兀和壮观。至峰南500米，建有“三德寺”，初建于唐代贞元十四年（798）。所谓三德者，乃佛有三德，即大定、大智、大悲，或指于国、于民、于家皆不离德也。

友情提示：陡坡虽不长，但要有思想准备，要重视几段高陡坡。安全装备和配置一样都不能少。

骑行装备：任何单车均可，但调速系统和刹车系统不能忽略其可靠性。头盔、手套、眼镜等还是要配套齐全，可靠性好。

诸暨市自行车协会 2010 到 2017 年大型活动

2010 年 11 月 19 日，诸暨市自行车协会在东白湖风景区举行成立大会。诸暨捷安特新视界单车俱乐部，诸暨市美利达新空气单车俱乐部，诸暨市喜得盛珈壹单车俱乐部为发起人单位。

陈能恩、王琦、王培光为第一届协会名誉会长，金屹玮为第一届会长，郭浩阳为第一届秘书长。

2011 年诸暨第一届自行车联赛在街亭开哨，拉开诸暨自行车协会组织活动的序幕。

2010 年 11 月 20 日参加首届五泄观瀑节。

2011 年 4 月份组织环东白湖骑行大会。

2011 年 5 月份参与华数电视自行车节目拍摄微电影。

2011 年组织第一届大型自行车年会（福田小学）。

2011 年组织参与环绍兴大型骑行活动，提供后勤支持。

2011 年组织安全骑行教育进市区 7 所中学，检修自行车、宣传安全骑行知识。

2011 年组织培训绍兴第一批自行车裁判员。

2012 年组织东白湖骑行大会第 2 届活动。

2012 年参与诸暨体育局全民健身节活动。

2012 年诸暨市第 7 届运动会自行车项目承办方。

2012 环保局世界水环境日宣传活动承办方。

2012 年获得绍兴体育社团运动会团体第一名。

2012 年浙江省社团运动会自行车项目第一名（舟山）。

2012 年浙江自行车公开赛（首届）石壁湖站在诸暨成功举办。

2012 年组织诸暨自行车协会会员环海南岛骑行。

2012 年开发安全自行车停车系统。

2012 年参加浙江自行车公开赛杭州总决赛。

2012 年获得诸暨体育先进集体称号。

2012 年获得诸暨市政府全民健身先进集体称号。

2013 年组织诸暨市自行车协会俱乐部环青海湖骑行。

2013 年浙江自行车公开赛诸暨同山站比赛承办方。

2013 年组织参与绍兴铁三运动项目。

2013 年和诸暨建设局联合组织城市无车日活动。

2013 年参与上海到深渡的国内自行车马拉松赛（马自骑）的组织工作（3000 人）。

2013 年组织俱乐部参加浙江自行车公开赛千岛湖总决赛。

2013 年浙江自行车公开赛遂昌站比赛。

2013 年组织诸暨自行车协会会员环上虞葡萄节活动。

2013 年参与绍兴自行车联赛组织工作（金誉建设自行车队）。

2013 年参与第五届环绍兴 12 小时挑战赛。

2013 年被诸暨民政局评为 5A 社团组织。

2013 年获得诸暨体育社团先进集体称号。

2013 年组织第 2 届绍兴自行车裁判员培训班。

2014 年获得诸暨市卫生先进单位称号。

2014 年和诸暨民俗摄影家协会、诸暨体育局、诸暨环保局联合拍摄浙江第一部自行车运动微电影（《和你在一起》）。

2014 年组织参与浙江省青少年公路自行车比赛（东白湖）。

2014 年组织参与第 15 届浙江省运动会自行车项目诸暨赛区工作。

2014 年和诸暨市委宣传部组织清网络·和美暨阳滴水岩大型公益活动。

2014 年组织承办浙江老年骑行协会理事扩大会议(诸暨会议)。

2014 年整修滴水岩线路，提高夜骑安全性。

2014 年应四川成都体育局邀请，参观中国成都第 5 届自行车车迷节。

2014 年组织浙江自行车公开赛总决赛（同山镇）。

2015 年参与浙江省自行车公开赛马剑白枫岭站比赛。

2015 年组织策划环诸暨骑行大会。

2015 年参与环绍兴自行车大会。

2015 年获得绍兴市卫生先进单位。

2015 年获得绍兴体育社团先进一等奖。

2015 年组织策划诸暨体育第一届体育嘉年华·活力商贸城活动。

2015 年组织策划五泄山水节。

2015 年组织参与马自骑裁判工作。

2015 年参与贵人鸟荧光夜跑诸暨站和上海世东体育合作。

2015 年注册浙江战旗体育文化有限公司，协会走商业化发展道路。

2015 年参与诸暨国际马拉松大会组织工作。

2015 年组织参与中国男子职业篮球赛（CBA）诸暨赛事的引进。

2015 年参与磐安仁川镇青梅尖骑行大会。

2016 年联合诸暨双金袜业股份公司组建哲步（中国）自行车队。

2016 年获得浙江省第 2 届体育社团运动会（温州）个人第 1 名和第 3 名，团体第 2 名（哲步中国自行车队代表绍兴自行车运动协会参加）。

2016年组织“天成锦上杯”彩虹健走公益活动。

2016年组织协会安全教育课程，进校园上公开课，宣传安全骑行。

2016年绍兴稽东骑行赛裁判工作。

2016年负责安徽—上海马自骑裁判委员会组织工作。

2016年负责天之蓝大型公益徒步诸暨站线路安保工作。

2016年诸暨第9届运动会自行车项目承办方。

2016年负责第8届环绍骑行大会后勤安保工作。

2016年10月参加国家体育总局举办的国家一级体育指导员培训考试，协会骨干完成培训。

2016年负责环浙自行车骑行活动裁判工作。

2016年12月勘测西施之路吴越争霸超级马拉松骑行大会线路。

2017年3月确认诸暨籍孙东均企业家、山上湖农庄为赞助商。

2017年5月20号东均杯吴越争霸，西施之路超级马拉松骑行大会在诸暨影视城发车，CCTV5播出了本次活动，为诸暨第一个有品牌概念的体育赛事。

2017年6月5号发起轻松筹，修理诸暨滴水岩骑行线路，设置安全引水盖，反光路标，提升线路安全性。

在米果果小镇撒个欢

姚玲君

其实，也真到了不能撒欢的年龄，但是，当你踏进山下湖镇解放村的米果果小镇，你的内心一定会躁动不安，你一定会不停地大叫：“哇，哇，哇……”

“米果果”真是果果们的集合地。一年四季，这里将会有不同时令的水果可以供你采摘，草莓、蓝莓、猕猴桃、葡萄、火龙果……

我们去的时候，正可以采摘火龙果。走进明亮的大棚，一阵热浪袭来，火龙果的叶子就是三瓣菱形的仙人掌，它每条边都是锯齿状，每隔一段便有一簇尖尖的刺。听导游说，每年的五月到十一月，火龙果会循环开花结果。你看那花苞绿绿的，隐约还能看到一丝丝淡淡的紫色，可爱的花苞有的像害羞的小姑娘安静地睡着，有的像骄傲的公主娇艳无比。火龙果是晚上开花，早上闭合，花瓣枯萎后，花蒂就会结出火龙果。我见到了那团熊熊燃烧的火球，就去摘那个“红球球”，紫色的果皮上有一条条黄绿色的叶子，像鱼的鳞片。它可是稀有品种，红色果肉的哟！

关于这火龙果，盛传着米果果老总陈照米的一段佳话。陈总的老妈有便秘，吃了火龙果效果好，陈总老妈嫌白色果肉的火龙果味道不好，于是有了大片红色果肉的火龙果基地。

在试吃处，我们开始大吃。火龙果的皮为桃红色或紫红色，看上去鲜艳极了，扒开火龙果的皮，里面的肉是紫红色的，上面有许多像黑芝麻一样的东西，黑白相间，特别诱人。火龙果的味道清甜可口，如果把火龙果放到冰箱里“冰镇”一下，味道就更棒了！

美美地大吃一顿后，我们来到了“奇异果乐园”。称之为奇异果，是因为，挂在藤上的一个个果子样子确实奇特，这里的果子像白流星、丑小鸭、鸳鸯梨、麦克风。我们还看到了一个个很大的南瓜，一个大约有五十斤重吧！午后明媚的阳光穿过干枯曲折的藤蔓洒落下来，闪烁跳跃的光斑与藤影纠缠在一起，交错在地面上。我们就这样被眼前的果子惊呆了，忙不迭地与果子合影。

再往前就是紫藤大道。新栽的紫藤树苗盘盘绕绕已经长过两人多高。紫藤的叶子呈现出墨绿色，它伸展出有力的筋骨，生长得极为茂盛。走进长廊，满目清翠，连衣服都映成了淡淡的绿。伴着声声鸟语，徜徉其间给人一种心旷神怡的感觉。这才觉察出有

中小学生研学活动，成为米果果小镇一道亮丽的风景线

微风习习吹过，袭来阵阵沁人心脾的芬芳。遥想，如果开花时节站在这儿，一片明丽的紫色。浅绿色的叶子，粉紫色的小花，一串串的，挂满了整个长廊花架上，会是怎样一个美丽的场景。晚上，紫藤大道上的绚丽灯光秀，更是让整个世界瞬间变得魅力无限。

路边的花环小径，开着一大片黄蕊白瓣的花朵，清新素雅，芳香扑鼻，蝴蝶纷飞。有小孩在兴高采烈地追赶蝴蝶，钻进花丛时，欢笑呼叫个不停。花海旁，还耸立着一个高达 12.95 米的火龙果神像，守护着整个小镇。一方水池中，长着睡莲。偶尔听到水池里，青蛙咯哇哇地叫唤几声。除了千枝万朵的花海外，米果果还特别从台湾引进一种名贵花卉——九品莲花，它的花朵硕大，常年开花，每一个花色都有不同的花香及味道。

说它是小镇，倒真的是一点儿也不为过。

小镇配套建设世界首家火龙果文化主题馆、青少年科普馆和乡村记忆馆，为青少年提供一个校外学习农业科普知识和娱乐活动的场所；动漫水世界和儿童游乐园是孩子们的梦幻天堂，生态餐厅打造有机、文化、养生的特色菜系，特色民宿让您在乡村氛围中度过安静夜晚。

这一刻，我行走在米果果小镇夏日明艳的阳光里，我眯起眼睛望望天空，明亮的光线刺痛了眼睛，我看到了一片蔚蓝，那是天空的颜色。我安静地走着，看着，想着，听着，身心在此刻无比地轻松自在，融入在乡村的风光中，整个人都会为之感动，感动于它的静，它的净，它的境。

远处是一望无际的稻田，放眼望去，大片大片的绿色仿佛都在我的怀抱中。那些错落有致的村舍隐没在这深深的绿色中，宛如一幅浑然天成的田园水墨画，清新雅致。我深深呼吸着这样清纯的空气，空气中夹杂着泥土的芬芳，还有那专属乡村的独特气息，真是一种莫大的享受。

如果有机会，你也不妨来“米果果”撒个欢！

后记：

和你虚度时光

古人曰："读书忌老，著书忌早。"

在骑车十周年之际，我的第三本书《骑游诸暨》付梓。无法言状的心情涌上心头。在我满六十岁退休之际，能够完成这本书稿的出版，还是蛮欣慰。

人的一生，总有一处风景会让你忘却江湖，总有一个地方会让你心有所归，总有一种爱好会让你欲罢不能。

刚从千岛湖的青黛山水间骑行归来。蓦然回首，我的骑行就是从环千岛湖开始的。2009 年环千岛湖，日行 200 多千米，当我们穿行在云雾缭绕、苍翠欲滴的南方乡村中，却被自己潜在的雄性气势所感动，仿佛头顶上干爽而明亮的阳光。忽然想到了清代著名诗人黄仲则的一句诗："为嫌诗少幽燕气，故作冰天跃马行。"这让我对骑行又加深了一层理解：休闲骑行与日常骑行完全是两回事。

明明可以玩得很轻松，却偏偏要拼体力，为什么呢？也许苏东坡的一句话可以回答："江山风月，本无常主，闲者便是主人。"试想，那大自然中的美好东西，本来就没有一定专属于某个人的，谁有闲情逸致欣赏游玩，谁就是江山风月的主人。而我辈成日忙忙碌碌，追名逐利，走得太远，甚至于忘记了当初为什么出发。窃以为所谓的闲者，大概就是在匆匆的行程中，能够放慢脚步，欣赏路边风景的人；能够稍微停顿下来，听一听灵魂声音的人；能够抽暇暂时离开红尘，去山中野游寻胜的人；能够弯下腰来，嗅一嗅郊外花草芬芳的人；能够半夜披衣悄立露台，观看星象预测风雨的人；能够以一颗平常之心，读一本无用之书，在世俗的生活中享受简单和愉悦的人；能够知道“生活不止眼前的苟且，还有诗和远方”的人……

每次我骑行在美丽的乡村道上，总有许多莫名的灵感涌上脑海，所以我每次骑行回来，就会在日记上记下一些文字，有些是曾经发表的，更多的是第一次面世。在自行车协会会长金屹玮的鼓励下，我有了集结出书的念头。

以什么样的形式记录骑行生活？我纠结了很久。本来是风光和人文为主，后因诸暨文化界出了不少类似的书稿，不宜跟风，最后定为体育随笔形式。必须说明的是，在写作和骑行中，在收集相关的资料中，参考和引用了《诸暨日报》等媒体的报道，向我的同事表示谢意。同时还收入了诸暨车友写的文章，还有应力刚、杨迪尔、骆少华等提供的照片，一并表示谢意。本书除署名外，都是本人的作品。

多次参与国内民间“马自骑”赛事，我一直很赞赏“马自骑”的理念：做自己的英雄。当然，我更多的是把骑行和写作当成人生不可或缺的经历和财富。

无意中在网上听到北大才女程璧演唱的一首歌《我想和你虚度时光》，歌中唱道：

我想和你虚度时光，比如低头看鱼
比如把茶杯留在桌子上，离开
浪费它们好看的阴影
我还想连落日一起浪费，比如散步
一直消磨到星光满天

……

想和你互相浪费
一起虚度短的沉默，长的无意义
一起消磨精致而苍老的宇宙

这是我熟悉的重庆诗人李元胜的作品。我惊异，像李元胜这样有名气的诗人、作家、媒体人也会赞美虚度时光，可见，休闲是生命中不可缺的。如今都在讲快节奏，人们追求快，物质生活快速提高了，但是精神文化生活没有跟上。可是生活中，奋斗之外的时光同样有价值，“虚度时光”作为一种生活态度，唤起了很多人的共鸣。

曾有人问褚时健：“您那么大年龄了，为何不安享晚年？”他回答道：“人老了，更要找点事做，你的人生不能变长，但人生的宽度由自己做主。”

年老时，去寻求新的开始，生命末期会更加精彩，生命的意义也会更加厚重，也是送给自己最好的晚年礼物。我要感谢诸暨市体育局、诸暨市旅游集团的大力支持。最后要感谢我的家人和金盾车队的伙伴们，感谢你们的支持和陪伴。

2018 年 8 月